Hermann Wagner

Sydow-Wagners methodischer Schul-Atlas

Hermann Wagner

Sydow-Wagners methodischer Schul-Atlas

ISBN/EAN: 9783744681957

Hergestellt in Europa, USA, Kanada, Australien, Japan

Cover: Foto ©Paul-Georg Meister /pixelio.de

Weitere Bücher finden Sie auf **www.hansebooks.com**

SYDOW-WAGNERS

METHODISCHER

CHUL-ATLAS.

ENTWORFEN, BEARBEITET UND HERAUSGEGEBEN

VON

HERMANN WAGNER.

---

60 HAUPT- UND 50 NEBENKARTEN AUF 44 TAFELN.

FÜNFTE DURCHGESEHENE UND BERICHTIGTE AUFLAGE

GOTHA
JUSTUS PERTHES
[illegible]

INHALT.

I. Karten zur Einführung und zur allgemeinen Erdkunde (10 Blatt)

II. Karten zur Länderkunde Europas (22 Blatt)

Maßstab

Nr 21 **Mitteldeutschland** — 1 : [illegible]

Nr 22 **Süddeutschland** Doppelblatt: Westösterreich [illegible] — 1 : [illegible]

Nr 23 **Alpenländer** Doppelblatt, zugleich Hauptkarte für Oberitalien — 1 : [illegible]

Nr 24 **Die Schweiz** — 1 : [illegible]

- [illegible] — [illegible]

Nr 25 **Die Donauländer** Hauptkarte für Österreich-Ungarn — 1 : [illegible]

Nr 26 **Die Balkanhalbinsel** — 1 : [illegible]

- [illegible] — 1 : [illegible]
- [illegible] — Umgebung von Athen — 1 : [illegible]

Nr 27 **Italien** — 1 : [illegible]

- [illegible] — 1 : [illegible]
- Umgebung von [illegible] — Umgebung von Neapel — 1 : [illegible]
- Umgebung von Venedig — 1 : [illegible]

Nr 28 **Spanische Halbinsel** — 1 : [illegible]

- [illegible] — [illegible] — [illegible] — 1 : [illegible]
- [illegible] — 1 : [illegible]

Nr 29 **Frankreich** — 1 : [illegible]

- Die Pyrenäen — 1 : [illegible]
- Paris und Umgebung — 1 : [illegible]

Nr 30 **Die Nordseeländer** Hauptkarte für Großbritannien — 1 : [illegible]

- [illegible] — 1 : [illegible]
- [illegible] — [illegible] England — 1 : [illegible]

Nr 31 **Die Ostseeländer** Hauptkarte für Skandinavien — 1 : [illegible]

Nr 32 **Ost-Europa** Hauptkarte für Rußland, Kaukasien, Armenien und Kleinasien — 1 : [illegible]

III. Karten zur Länderkunde außereuropäischer Erdteile und Länder (12 Blatt)

Nr 33 **Nordpolarkarte** [illegible] — 1 : [illegible]

- [illegible] — 1 : [illegible]
- [illegible] — 1 : [illegible]
- [illegible] — 1 : [illegible]

Nr 34 **Atlantischer Ozean.** Übersicht der atlantischen Gestade und Kolonialbesitzungen der Europäer in Amerika und Afrika. Mercators Projektion. Mittlerer Maßstab — 1 : [illegible]

- [illegible] — 1 : [illegible]

Nr 35 **Asien.** Übersicht der Bodenverhältnisse — 1 : [illegible]

Nr 36 **Asien** Übersicht der politischen Verhältnisse und Haupt-Verkehrswege — 1 : [illegible]

Nr 37 **Vorderasien** — 1 : [illegible]

- Palästina — 1 : [illegible]
- Jerusalem und Umgebung — 1 : [illegible]
- [illegible] — 1 : [illegible]

Nr 38 **Zentralasien, Indien und China** — 1 : [illegible]

Nr 39 **Ostasiatische Inselwelt** — 1 : [illegible]

- [illegible] — [illegible] — 1 : [illegible]
- [illegible] — [illegible] — [illegible] — 1 : [illegible]

Nr 40 **Australien und Polynesien** — 1 : [illegible]

- [illegible] — [illegible] — 1 : [illegible]
- [illegible] — [illegible] — 1 : [illegible]

Nr 41 **Afrika** — 1 : [illegible]

- [illegible] — [illegible] — 1 : [illegible]
- [illegible] — [illegible] — 1 : [illegible]
- [illegible]

Nr 42 **Nordamerika** — 1 : [illegible]

- [illegible] — 1 : [illegible]
- New York und Umgebung — 1 : [illegible]
- [illegible] — 1 : [illegible]

Nr 43 **Vereinigte Staaten, Mittelamerika, Westindien** — 1 : [illegible]

- [illegible] — 1 : [illegible]
- [illegible] — 1 : [illegible]

Nr 44 **Südamerika.** Hauptkarte — 1 : [illegible]

- [illegible] — 1 : [illegible]
- [illegible] — 1 : [illegible]
- [illegible] — 1 : [illegible]

Aus dem

Vorwort zur ersten Auflage (1888)

(Mit einigen Abänderungen.)

Es sind vierzig Jahre her, daß Emil v. Sydow († 1873) mit seinem Schulatlas hervortrat, einem für die damalige Zeit epochemachenden Werke, das seitdem in vielen Hunderttausenden von Exemplaren verbreitet ward. Fünf Jahre zuvor (1842) hatte er durch seinen „Methodischen Handatlas für das wissenschaftliche Studium der Erdkunde" das Verständnis für seine Ideen in den Kreisen der Lehrer zu erwecken gesucht und auch durch diese Kartensammlung trotz ihrer im strengeren Sinne nicht gerade methodischen Anordnung befruchtend auf die Gestaltung des höhern geographischen Unterrichts gewirkt.

Sydows Anschauungen über die Notwendigkeit der Hervorhebung des physischen Moments in der Schulkartographie gegenüber dem politischen sind längst zu allgemeiner Anerkennung gelangt, und seinen Anregungen sind die meisten der neuern Schulatlanten gefolgt, — die beiden seinen Namen tragenden Atlanten waren aber längst so sehr veraltet, daß sie den Anforderungen einer neu erwachten Periode des geographischen Studiums und Unterrichts nicht mehr genügen konnten. Es mußte Neues an ihre Stelle treten.

Dieser Aufgabe hat sich der Unterzeichnete in gleicher Tendenz, wie er sie bei der Umgestaltung des Guthe'schen Lehrbuchs der Geographie befolgte, seit Jahren unterzogen und tritt nunmehr mit dem neuen Atlas hervor, der die Sydowschen zu ersetzen bestimmt ist. Gern willigte der Herausgeber in den Doppeltitel, da in der Geographischen Anstalt von Justus Perthes die schöne Sitte besteht, die Namen der auf ihrem Felde bahnbrechenden Kartographen möglichst auch im Gedächtnis der nachgeborenen Geschlechter zu erhalten.

Ein weiterer Zusammenhang des neuen Atlas mit den Sydowschen beruht in der Übereinstimmung der wissenschaftlichen Grundanschauungen des Herausgebers mit E. v. Sydow über das Wesen und die Bedeutung der Karte für den Unterricht; nicht wenige Stellen könnte ich aus den Sydowschen Vorreden wörtlich herübernehmen.

Im übrigen ist der vorliegende Atlas ein eignes Werk des Herausgebers, das nach Gesamt- und Einzelplan, nach Maßstäben und Kartenformen, Zeichnung, Inhalt und Stoffauswahl unabhängig von den Vorläufern desselben ist, denn er soll den heutigen und künftigen Bedürfnissen des geographischen Unterrichts auf höhern Schulen und beim Selbststudium Rechnung tragen, die umfassender sind, als vor vier Jahrzehnten. Als **methodischer Schulatlas** wird derselbe in seiner jetzigen Gestalt in gleichem Sinne, aber, wie ich glaube, mit mehr Recht bezeichnet, als Sydow einst diesen Ausdruck anwandte. Nicht will er dem Unterricht eine bestimmte Lehrmethode aufdrängen, auch ist er nicht einer begrenzten Lehrstufe angepaßt, wohl aber ist der Plan insgesamt wie in fast allen Einzelheiten nach bestimmten methodischen Gesichtspunkten durchgeführt. Da unter diesen nicht alle auf der Oberfläche liegen, so haben die nachfolgenden Erläuterungen den Zweck, insbesondere den Lehrer über dieselben aufzuklären.

Im allgemeinen sei hier bemerkt, daß der Atlas einer Mittelstufe des Unterrichts dienen soll, für welche es trotz der reichen Produktion auf kartographischem Gebiete bis heute an einer geeigneten Kartensammlung fehlt. Denn auch die besten der im laufenden Jahrzehnt nach wirklich neuem Entwurf und Plan erschienenen Schulatlanten gehen im wesentlichen nur durch äußere Beigaben von physikalisch-unterrichtenden Übersichtskarten oder von Nebenkarten, welche interessantere Lokalitäten spezialisieren, über den Standpunkt solcher Kartensammlungen hinaus, die, wie der ehemalige Sydowsche Schulatlas, ausschließlich für die Hand des Schülers bestimmt sind. Als solche leisten sie zum Teil Treffliches vermöge der fortgeschrittenen Technik, der dabei Generalisierung aller Terrainformen und der Knappheit der Nomenclatur. Der Reichtum an Nebenkarten bietet dabei eine höchst schätzenswerte Ergänzung. Dennoch ist der Übergang von allen diesen Atlanten zu der verwirrenden Fülle unserer Handatlanten erfahrungsgemäß noch ein zu unvermittelter, und somit wurde versucht, die bestehende Lücke durch ein Werk auszufüllen, welches, für Schüler und Lehrer zugleich bestimmt, den Anfänger durch die Klarheit und scheinbare Leere des Kartenbildes zu gewinnen vermag, aber dem allmählich schärfer werdenden Auge und dem reifenden Verständnis noch immer genügenden Stoff zur gedankenerweckenden Betrachtung bietet. Nicht auf eine bloß äußere Vereinigung der beiden Sydowschen Atlanten war es also abgesehen, sondern auf eine innere Verschmelzung der ihnen zu Grunde liegenden Ideen zu einem einheitlichen Ganzen.

Indem ich daher meinem Atlas eine ähnliche Stellung unter den vorhandenen Kartensammlungen anweisen möchte, wie sie mein größeres Lehrbuch zwischen den Schulgeographien und den rein wissenschaftlichen Lehrbüchern einnimmt, vermag er den Lesern auch die geeignete Stütze beim Studium des Lehrbuchs zu bieten. Er ist zum großen Teil in engem Anschluß an den dort kritisch gesichteten Stoff bearbeitet und tritt damit in die Reihe der immer mehr als Bedürfnis erkannten Publikationen, in denen Geograph und Kartograph, Lehrbuch und Karte Hand in Hand arbeiten. Selbstverständlich kann von einer völligen Übereinstimmung des gebotenen Stoffes, wie sie allenfalls sich zwischen Leitfaden und Elementaratlas denken läßt, für die Unterrichtsstufen, welche hier in Frage kommen, nicht die Rede sein, denn die Darstellung durch das Wort setzt, um verständlich zu reden, stets einen nach Vorbildung und Einsicht viel begrenzteren und gleichartigeren Kreis von Jüngern einer Wissenschaft voraus als diejenige durch das Bild. Eben deshalb vermag in der oben angedeuteten Weise ein Atlas Schülern, Studierenden und Lehrern zugleich als Studienobjekt zu dienen, während ein umfangreiches Lehrbuch nicht gleichzeitig zum Schulbuch bestimmt ist.

Vorwort zur fünften Auflage

Die Aufnahme, welche der neue Atlas im Kreise der Fachgenossen an Universitäten und höhern Schulen gefunden hat, sowie die unerwartet rasche Folge der notwendig werdenden Auflagen erweckt in dem Herausgeber die Zuversicht im allgemeinen ein nützliches Hilfsmittel für den geographischen Unterricht geboten zu haben. Die immer größere Verbreitung desselben hat auch die Zahl seiner Mitarbeiter wachsen lassen, welche auf einzelne Versehen, Ungleichheiten in der Darstellung der räumlichen Örtlichkeiten oder in der Schreibweise von Namen auf verschiedenen Blättern u. a. aufmerksam machen und Anregung zur Vervollständigung des Inhalts der Karten geben. Allen diesen Freunden des Atlas spreche ich wiederholt meinen Dank und die Bitte um weitere Mitteilungen aus.

Der genannte Atlas war bereits in der vierten Auflage (1889) einer genauen vergleichenden Durchsicht unterzogen; er wurde damals auch durch Aufnahme einer Reihe von Nebenkärtchen ergänzt. Eine solche Spezialdurchsicht ist wiederum im Anschluß an die Neubearbeitung meines vollständigen Lehrbuches im Werke. Für die Zwischenzeit habe ich mich auf die Ausmerzung aller bekannt gewordenen Irrtümer und eine Reihe von unbedingt erforderlichen Berichtigungen und Ergänzungen beschränkt, wie sie der Fortgang der geographischen Entdeckungen, der Abschluß größerer Landesaufnahmen und die Änderung der Besitzverhältnisse bedingen. Die Umarbeitung einzelner Blätter bleibt dabei auch ferner im Auge gefaßt; ebensosehr aber auch das Bestreben, den Abänderungen eine solche Form zu geben, daß die einzelnen Auflagen des Atlas im Unterricht stets nebeneinander gebraucht werden können.

Göttingen, im Januar 1893.

Dr. Hermann Wagner,
o. ö. Professor der Geographie an der Universität Göttingen

Erläuterungen.

Ein „methodischer Schulatlas“ unterscheidet sich von einem zum Nachschlagen bestimmten Handatlas, wie ein Lehrbuch vom geographischen Kompendium. Daher darf man hoffen und erwarten, dafs wenigstens die, welche den Atlas zum Studium verwenden wollen oder ihn dem Unterricht zu Grunde legen, sich über seinen Plan und seine Einrichtung durch die Einsicht in diese Erläuterungen unterrichten werden, während erfahrungsmäfsig solche Begleitworte von der grofsen Zahl der Benutzer wenig gewürdigt werden.

E. v. Sydow hat seinen Erläuterungen gern die Form eines knappgefafsten Leitfadens, insbesondere in betreff der mathematisch-physikalischen Karten, gegeben. Ich kann mir davon keinen grofsen Erfolg versprechen, schon aus dem eben angedeuteten Grunde, dann aber auch, weil die Lektüre schwierig mit einem fortgesetzten Vergleich der Karten verbunden wird. Natürlich halte ich an der Forderung fest, dafs beim Selbststudium Lehrbuch und Atlas stets nebeneinander gebraucht werden. So schädlich der früher auch heute noch leider weit verbreitete Übelstand ist, dafs der Anfänger glaubt, Geographie ausschliefslich aus dem Lehrbuch studieren zu können, so falsch ist der Standpunkt, als könne der zum Teil nur in stummen Zeichen redende Atlas in allen Punkten das Lehrbuch ersetzen.

Je reicher der Inhalt eines als methodisch bezeichneten Atlas, um so mehr wird man sich in den Zweck des Ganzen wie des Einzelnen vertiefen müssen, um kein vorschnelles Urteil zu fällen. Der Herausgeber erinnert daher hier nochmals daran, dafs er mit demselben ein Unterrichtsmaterial für verschiedene Stufen des höheren Unterrichtes, ein Werk, das gleichsam Grammatik und Übungsbuch zugleich sein sollte, schaffen wollte, nicht im entferntesten ein solches, welches Blatt für Blatt einem bestimmten Lehrkursus zu Grunde zu legen wäre. Er verwahrt sich, obgleich für das Verständnis des Gebotenen durchweg nur elementare Vorkenntnisse vorausgesetzt werden, dennoch gegen den Vorwurf, mit diesem Atlas den Unterricht in den mittleren und oberen Klassen der höheren Schulen von neuem beschweren zu wollen. Ein tüchtiger, das Ganze beherrschender Lehrer, der dem jeweiligen Standpunkte der Schüler entsprechend den Stoff sorgfältig auswählt, wird bei diesem Atlas allerdings vorausgesetzt. Solche finden sich aber heute in allen Teilen Deutschlands und des Auslandes in steigender Zahl. Das ist die Hoffnung der neuen Epoche geographischen Studiums und Unterrichts, sie wird auch der Erkenntnis zum Siege verhelfen, dafs die Geographie in ihrer Grundlage eine mathematisch-naturwissenschaftliche Disziplin ist, und dafs die Lehrmittel dies zum Ausdruck bringen müssen.

I. Atlasformat und Rahmen der Karten

Das Format und die Blattgröfse des neuen Atlas ist die Frucht sehr eingehender Vorstudien und Erwägungen gewesen. Es ist aus nachstehenden Gründen das gröfste Format gewählt, welches zulässig erschien, ohne die Handlichkeit zu beeinträchtigen und, wie die Gutachten aus Lehrerkreisen zur Zeit des Entwurfs wie nach der jüngsten Einführung ergeben haben, ohne den einem Schüler zugemessenen Platz auf dem Schultisch seitlich oder nach oben irgendwie zu überschreiten.

Möglichst große Maßstäbe der Karten und leichte Vergleichbarkeit unter denselben sind zu allbekannte moderne Forderungen auf kartographischem Gebiet, als daß wir dabei länger verweilen sollten. Als neuer in Schulatlanten jedenfalls noch viel zu wenig beachteter Gesichtspunkt trat die Forderung hinzu, daß, was an dargestellten Erscheinungen zu unmittelbaren Vergleichen auffordert, möglichst auch auf demselben Blatte zur Darstellung gebracht werde. Diesem Bestreben suchen einerseits die meisten Karten zur allgemeinen Erdkunde zu entsprechen, wie diejenigen, welche den Elementen der Kartographie gewidmet sind, Nr. 4 und Nr. 5, vor allem Nr. 7, welches in höherem Grade belehrend zu wirken vermag, als wenn dieselben klimatologischen Phänomene auf 3 oder 6 Kartenblätter verteilt sind. Ein Gleiches läßt sich von Taf. 8 (Niederschläge und Vegetationsgürtel), von den Völkerkarten Taf. 9 und 12, von den Klimakarten Europas, Taf. 13, &c. sagen, deren Stoff bei kleinerem Format nämlich auf mehrere Blätter hätte verteilt werden müssen.

In gleicher Weise wird die Blattgröße bedingt durch das Bestreben, die Länder, denen ein eignes Kartenbild gewidmet ist, möglichst in ihrer natürlichen Umgebung, mit Nachbarprovinzen und Gegengestaden, auf demselben Blatte darzustellen. Es ist eine bekannte Erfahrung, daß über das gegenseitige Lagenverhältnis von Ländern, Provinzen, Gebirgen, Küsten und Städten auch bei kenntnisreichen Schülern große Unsicherheit herrscht. Denn gar zu lange vermag der Unterricht bei den nur dürftiges Material enthaltenden Übersichtskarten der Erde oder der Kontinente nicht zu verweilen. Indem jedoch die heutigen Karten der einzelnen Länder nur wenig auf Nachbargebiete überzugreifen pflegen, wird die Möglichkeit häufigen Vergleiches zu früh abgeschnitten. Was also manchem auf den ersten Blick ein überflüssiger Luxus an diesem Atlas erscheint, daß nämlich große Länderstriche doppelt und dreifach zur Darstellung kommen, das ist mit vollem Bewußtsein der Notwendigkeit solcher Maßregel aus didaktischen Gründen geschehen.

Wenn dem aufmerksamen Beobachter der angedeutete Gesichtspunkt fast auf jedem Blatte entgegentreten wird — nicht selten hat die Verschiebung des Mittelmeridians des Gradnetzes aus der Kartenmitte denselben Zweck — so dürfte der Hinweis auf die Nordseeländer (Taf. 20) und die Ostseeländer (Taf. 21), sowie auf die Donauländer (Taf. 25), auf welcher Karte man die Landschaften von der Donauquelle bis zu deren Mündung, von Wien bis Saloniki, ja von Berlin bis Konstantinopel überblicken, oder Afrika (Taf. 41), wo man den Meridian von Berlin bis zum Kap verfolgen kann, einem jeden den Vorzug derartiger Kartenentwürfe vor die Augen führen. Durch die Wahl des Kartenformates wird zugleich die Zahl derjenigen Blätter auf ein Minimum beschränkt, welche als Querblätter ein Drehen des Atlas bei der Benutzung erfordern. Unter 44 Karten sind es deren nur vier: Nr. 14, 31, 32, 39.

II. Maßverhältnisse

Auf Maßverhältnisse der verschiedensten Art ist beim vorliegenden Atlas großes Gewicht gelegt: einerseits um durch die Häufigkeit, mit welcher gewisse Grundzahlen und Verhältniszahlen dem Leser entgegentreten, zur Erinnerung und zur Einprägung einiger unter ihnen Gelegenheit zu bieten, dann aber um ein möglichst großes Material zu anregenden Ausmessungen, Berechnungen und Schätzungen zu geben. Hier liegt ein reicher Unterrichtsstoff, um die Schüler zur Selbstthätigkeit anzuregen, ohne daß es erst langer Zifferndiktate bedarf.

Wo irgend eine Reduktionsziffer sich schlechterdings anbringen ließ, ist sie daher beigefügt, nicht nur in üblicher Weise bei den Länderkarten, sondern auch bei Erdkarten, Darstellungen des Erdballs, bei astronomischen Verhältnissen. Die Zahlen gewähren an sich meist keine wirkliche Anschauung, und ich möchte mich gegen die Auffassung verwahren, als legte ich Gewicht darauf, Planetenbahnen, die Sonne, den Mond &c. gerade in den gewählten Maßstäben zu geben. Dieselben haben nur Wert, wenn sie mit entsprechenden Angaben derselben Karten verglichen werden. Man wird sich daher in ein

Blatt wie Nr. 8 erst etwas einstudieren müssen, um in dem vielfach unterbrochenen gelben Sonnenrand die Scheibe zu erkennen, welche ihren Mittelpunkt innerhalb des Jupiter hat und im gleichen Maßstabe (1 : 5000 Mill.) wie die acht großen Planeten, wie Erd- und Marsmonde, gezeichnet ist.

Was die Erde oder Teile der Erde betrifft, so kommen Maßstäbe von 1 : 1000 Mill. wie auf Taf. 1 und 3 bis zu 1 : 25000 (Taf. 4, Stück aus dem Meßtischblatt) im Atlas vor. Sie sind aus dem Inhaltsverzeichnis leicht zu übersehen. Bei Darstellungen der ganzen oder halben Erdoberfläche ist meist vom entsprechenden Kugelradius ausgegangen, und **Taf. 4** gibt ein Bild, wie verschieden groß die Kartenbilder werden würden, wenn man sie nach demselben Globus (1 : 250 Millionen) in verschiedenen Projektionsarten entwerfen würde. Die untereinander durchaus kommensurabeln Grundmaße für diesen Atlas sind

Planigloben	1 : 120000000
Erdteile (7 Blatt)	1 : 40000000
Europa und Teile der übrigen Kontinente (7 Blatt)	1 : 20000000
Einzelländer Europas (9 Blatt)	1 : 5000000
Hauptteile Mitteleuropas (5 Blatt)	1 : 2500000
Mitteldeutschland und die Schweiz (2 Blatt)	1 : 1250000

Nur bei wenigen Karten zwangen äußere Gründe des Formats — z. B. um auf den Erdkarten beide großen Ozeane im Zusammenhange darzustellen — zu Abweichungen von obiger Folge. Die Nebenkarten sind stets im einfachsten Verhältnis zur Hauptkarte entworfen. **Taf. 4** gibt eine übersichtliche Darstellung der Wirkung immer größerer Reduktion. Auf einem höhern Standpunkt des Unterrichts wird man auf den Unterschied zwischen der aus den Kartenrändern berechneten Flächengröße (160000, 640000 qkm &c.) und der vermöge der gewählten Projektion wirklich dargestellten aufmerksam machen müssen.

Aber damit ist die Betonung geographischer Maßverhältnisse nicht erschöpft. Neu ist die Beigabe der Größe der Parallelgrade und des Inhalts der Gradfelder auf sämtlichen Karten, wo die Zahlen unseres Erachtens das Bild keineswegs stören, selbst wenn sie wie auf Blatt 33 und 34 an einem Meridian mitten in der Meeresfläche sich entlang ziehen. Zumeist haben sie am östlichen und westlichen Kartenrand einen unscheinbaren Platz gefunden. Sie sollen dort, wie oben angedeutet, zu Ausmessungen (welche häufig den Grad der Verzerrung dem Schüler vor Augen führen), zu Betrachtungen des Flächeninhalts und zu Abschätzungen dienen, Übungsarbeiten, die den darstellenden geographischen Unterricht zweckmäßig ergänzen.

III. Die Karten zur mathematischen Erdkunde

(Tafel 1, 2 und 8)

dürften in ihrer jetzigen Gestalt für sehr verschiedene Unterrichtsstufen verwendbar sein, je nachdem man sich auf das bloße Veranschaulichungsmittel beschränkt oder auf ihre Erklärung eingeht. Hoffentlich wirken sie durch die Vereinigung der Ansichten von oben und von der Seite belehrend. Im übrigen lehrt die Erfahrung, daß dasjenige, was aus der Einzelfigur zu ersehen, welchem Hauptzwecke sie dient, dem Leser schwerer verständlich ist, wenn er sich die nötige Erklärung erst durch einen in den Erläuterungen vergrabenen Text suchen muß. Dies führte zur Beigabe gewisser Haupt-Stichworte bei den einzelnen Figuren, die natürlich in die knappste Form zu bringen waren. Die Beschränkung auf die für die Geographie unentbehrlichsten Vorstellungen bedarf keiner Erläuterung. Über die Bedeutung der vier Sonnenrandstreifen auf **Taf. 8** vgl. Abschnitt II. Maßverhältnisse (am Kopf dieser Seite).

In den neuen Auflagen hat die Sonne auf **Taf. 8**, Fig. 2, einen Abstand von 7,[illegible] Millimeter vom Mittelpunkt der Erdbahnellipse erhalten, da der letztern vom Zeichner eine größere Abplattung gegeben war als der Exzentrizität von 4,[illegible] Millimeter (vgl. 1. Auflage) entsprach. Auf **Taf. 8** sind 1889 verschiedene Stichfehler berichtigt.

IV. Die kartographischen Elemente.

(Tafel 4 und 8.)

Die Notwendigkeit, den Schüler in die Elemente der Kartographie einzuführen, ist bis heute noch nicht allgemein erkannt, und meist begegnet man dem Vorurteil, es gehe dies über die Zwecke des geographischen Schulunterrichts hinaus. Das ist sicher der Fall, sobald man sich hierbei nicht ganz dem jeweiligen Auffassungsvermögen und Bildungsstand der Schüler anpaßt und zu Abstraktionen greift, wo man richtige Vorstellungen noch durch die unmittelbare Anschauung vermitteln kann.

Hierbei können die Figürchen wenig nützen, wie sie z. B. E. v. Sydow seinem Schulatlas oder seinem Handatlas einverleibte. Es schien mir die Vereinigung der am meisten zur Anwendung kommenden Gradnetze auf einem Blatte, um gleichzeitig die Wirkung der verschiedenen Entwurfsarten zu illustrieren, mehr am Platze. Selbst für einen Quartaner wird die Betrachtung der Plattkarte und der Kegelprojektion belehrend sein, ohne daß man dabei irgendwie auf beigefügte Formeln Rücksicht zu nehmen hätte. Schrittweise kann die Einführung in die üblichen Kartenprojektionen weitergeführt werden. Und auf jenen Stufen, auf welchen der Lehrer die Entstehungsweise eingehender entwickelt, können dann die ausgeführten Projektionen zur Erläuterung dienen, da die genauere Herstellung des Gradnetzes und Einzeichnung von Umrißlinien viel Zeit in Anspruch zu nehmen pflegt.

Im übrigen soll durch die Zusammenstellung der einzelnen Entwurfsarten unter gewisse Hauptgruppen kein System derselben aufgestellt werden, Ausdrücke wie „konventionelle Projektionen" dienen nur als Stichworte, die mit der schwierigen Anordnung der 24 Figuren auf einem Blatte zusammenhängen.

Der Atlas bietet jedoch eine größere Beispielsammlung von Projektionen, als sie Taf. 4 vereinigt. Es ist daher die richtige Bezeichnung der verschiedenen Entwurfsarten beigefügt. Taf. 2 enthält die drei Arten der orthographischen Projektion mit ihrer plastischen Wirkung, Taf. 6 die stereographische Horizontalprojektion, auf welcher die Kartenmitte — der Schnittpunkt zweier größter Kugelkreise — leichter auffindbar ist, als es ohne die von 90 zu 90 herübergezogene Linie möglich wäre. Taf. 8 enthält weiter Nells modifizierte Globularprojektion, weil sie geringere Verzerrungen mit sich bringt, als die gewöhnliche Globularprojektion. Taf. 9 gibt Beispiele von Lamberts flächentreuer Zenitalprojektion sowie der Mollweideschen für die ganze Erde. Taf. 10 zeichnet die Planigloben in Mollweides flächentreuer Entwurfsart.

Es wäre erfreulich, wenn durch diese Auswahl wenigstens der Begriff der Flächen- und der Winkeltreue einer Projektion zu allgemeinerer Würdigung gelangte. Die flächentreuen Entwurfsarten sollten die Mercators-Projektion mehr verdrängen, wenn es sich um die Landflächen in erster Linie handelt. Nicht ohne Absicht ist auf Taf. 10 ein flächentreues Gradnetz in gleichem (mittleren) Maßstab der Mercators-Projektion gegenübergestellt. Auf die Beifügung des Maßstabes der wachsenden Breitenkreise nach Maßgabe des letztgenannten Entwurfs wird besonders aufmerksam gemacht.

Den Länderkarten des Atlas, welche in modifizierter Kegelprojektion oder in der sog. Bonneschen entworfen sind, ist unten links die Länge des Radius des mittleren Parallelkreises beigefügt, als ernster Hinweis auf die Entwurfsart (und zu etwaiger Nachzeichnung, wobei zweckmäßig lange Streifen feinen Papieres den Stangenzirkel ersetzen können).

Die Länge des Radius ist übrigens nicht nach der einfachen Formel R. cotang. φ berechnet, wie sie der Kugelform der Erde entsprechen würde, sondern nach der Formel N cotang. φ, wobei N die Normale des Erdsphäroids für die Breite φ ist. (Vgl. Geogr. Jahrbuch XIX 1896 S. [illegible].)

Die Zeit der Entstehung dieses Atlas fällt noch vor Ergebnisse der Tissotschen Werke, die Veranlassung gegeben hat, die viel angewandte Bonnesche Projektion zu bekämpfen (vgl. z. B. E. Hammers verdienstliche Schrift: Die geographisch wichtigsten Kartenprojektionen, Stuttgart 1889). Den theoretischen Gründen gegen ihre häufige Anwendung [illegible] die Richtigkeit der Ansicht im allgemeinen nicht, daß eine geringe Mehrarbeit in der Herstellung des Netzes kein Hindernis sein sollte, um die durch die Natur der Sache gebotene beste Projektion zu wählen. Dennoch habe ich nach meinen Erfahrungen über die Schwierigkeiten, mit welchen die Mehrzahl der nicht mathematisch gebildeten Lehrer der Geographie in bezug auf die Elemente der Projektionslehre zu kämpfen hat, noch auf einen rein pädagogischen Grund hinweisen, der mich die Beibehaltung der Bonneschen Projektion in diesem für den Anfangsunterricht bestimmten Atlas, abgesehen von der unentbehrlichen Eigenschaft der Flächentreue bestimmt. Gerade beim Anfänger ist das leichte Verständnis der Entstehung und der leichte Konstruktionsvorgang gar nicht hoch genug anzuschlagen. Ist es nicht besser, wenn vermöge dieser Eigenschaften mehr Primaner oder Studierende der Erdkunde selbst Hand anlegen, um eine Flamsteed'sche Projektion zu entwerfen, als wenn ein besonders befähigter Schüler sich an die Konstruktion einer Lambert'schen Azimutalprojektion [illegible] wagt? Für letzteren wie für den mathematisch vorgebildeten Studierenden und Lehrer gibt es heute zahlreiche treffliche Werke, zu denen sie sich hinwenden können. Dieser Atlas hat seinen Zweck erfüllt, wenn er gewisse elementare Grundanschauungen in breite Schichten der Lehrer und Schüler zu bringen vermag. — Für spätere Auflagen wird der Preis einzelner Karten, die jetzt in Bonne'scher Projektion entworfen sind, und wie z. B. eine der Karten von [illegible] geopfert, durch welche in einer anderen Entwurfsart vor Augen zu führen sein.

Ein Musterblatt schöner Terrainzeichnung sollte in **Taf. 5** dem Atlas einverleibt werden. In der sauberen, künstlerischen Ausführung in Kupferstich kann es dazu dienen, im weiten Kreise der Lehrer das Verständnis für eine charakteristische, dem Kartenmaßstab angepaßte Terrainzeichnung gegenüber einer mechanischen Anfüllung einer Karte mit Bergstrichen zu fördern. Einer Erläuterung bedarf das Blatt im Grunde nicht.

Hieran schließe ich den Hinweis auf die im Atlas zerstreuten Profile, welche im Anschluß an gewisse charakteristische Naturformen gegeben sind. Ich erinnere an das Profil durch einen ganzen Kontinent **Taf. 43** (Nordamerika), welches in der neuen Auflage eine noch anschaulichere Form erhalten hat, an die Querschnitte durch die Anden, **Taf. 44** (Südamerika), das Längs- und Querprofil durch Schweizer Thäler **Taf. 24** (Schweiz) und dasjenige durch Teneriffa **Taf. 41** (Afrika). Der Grad der Überhöhung ist stets angegeben und der verschiedene Effekt der letzteren auf **Taf. 41** zu ersehen. Das Kopieren der Zeichnungen in anderer Überhöhung bietet treffliche Übungsbeispiele, und ebenso sollen diese wenigen Beispiele nur als Muster dienen, um danach andere Durchschnitte zu zeichnen. Die zahlreich in Ebenen und Thalsohlen eingeschriebenen, in den neuen Auflagen noch vermehrten Höhenzahlen ermöglichen dies.

V. Die physikalisch-statistischen Karten

Taf. 6—10, 12—14.

Mehr als bei den übrigen Karten dieses Atlas bedarf es bei dieser Reihe von Blättern der Vorbemerkung, daß abgesehen von Berichtigungen oder Ergänzungen vorhandener Grundlagen mannigfache Abweichungen aus rein didaktischen Gründen vorgenommen wurden. Man wird den Vorteil nicht übersehen dürfen, welchen die jedem Stoff angepaßte Auswahl von Landschafts-, Gebirgs- und Ortsnamen für mit sich bringt, im Gegensatz zu dem gewöhnlichen Verfahren, der ganzen Serie solcher Karten die gleiche topische Unterlage zu geben.

Über die Quellen für diese Karten geben die Erläuterungen zu den frühern Auflagen des Atlas Aufschluß. Dem Kenner wird nicht entgehen, was in neueren Arbeiten etwa verwertet ist. Übrigens liegt es in der Tendenz des vorliegenden Werkes, an diesen physikalisch-statistischen Karten nur in größeren Zeiträumen Umgestaltungen von größerm Umfang vorzunehmen.

Taf. 6 konnte erst in der zweiten Auflage mit der Darstellung auf den später entworfenen Spezialblättern in betreff von Höhen- und Tiefenzahlen in Übereinstimmung gebracht werden.

Taf. 7 und **8** gehören zu den Blättern, wo zwar die Grundlagen, hier Isothermen und Isobaren (Hann), dort Meeresströmungen (Krümmel), Grenzen von Vegetationsgebieten (Engler) u. a., bekannten andern Arbeiten entlehnt sind, im übrigen die Anpassung an das Vorstellungsvermögen des Anfängers, wenn man es so nennen darf, vom Herausgeber versucht wurde.

Taf. 10. Die Darstellung auf diesem Blatt hatte dem Einwurf begegnet, daß für den Vergleich der Kolonialbesitzungen europäischer Staaten gleichfalls eine flächentreue Entwurfsart geeigneter wäre. Abgesehen von der [illegible] Gegenüberstellung zweier so ganz verschieden wirkender Projektionen (s. oben Abschnitt IV), gab in diesem Falle der Wunsch nach Vereinigung des staatlichen Besitzstandes mit den wichtigsten Weltverkehrslinien auf einem Blatt den Ausschlag.

VI. Die Landkarten im engern Sinne.

Tafel 11, 18—44.

1. Über den vielfach von den üblichen Darstellungen abweichenden Rahmen der Karten dieses Atlas ist oben unter Abschnitt I schon das Nötige gesagt worden; daher es sich jetzt um die Darstellungsweise und den Inhalt der Karten handelt.

2. „Die Zusammenziehung des physischen und politischen Bildes“, sagt E. v. Sydow im Vorwort zu seinem Schulatlas (1847), „bei den meisten Karten ist das Ergebnis reiflicher Überlegungen und der Erfahrung, daß die Schüler nur zu leicht zu einer Trennung des natürlich Zusammengehörigen geneigt sind, wenn nicht mit allem Ernst dagegen gekämpft wird. Wenn auch das Wort die Materie der Geographie in einzelne Teile gliedert und für den methodischen Unterricht in einzelne Stufen absondern muß, so ist vorzugsweise die Aufgabe der Karte, diese Trennung aufzuheben und die einzelnen Bestandteile zu einem ineinandergreifenden Ganzen zu verschmelzen.“

In klarer Weise bezeichnet hier Sydow den Gesichtspunkt, unter welchem auch die Darstellungsweise auf den Karten dieses neuen Atlas ausgewählt ist; ja dieselbe entspricht den oben angeführten Anschauungen in höherem Grade als in den Sydowschen Atlanten selbst. Denn während dort und so auch heute noch in vielen neueren Atlanten, welche das Terrain farbig wiedergeben, die Karten ohne jedes politische Kolorit mit solchen wechseln, welche ausschließlich und ohne Terrainzeichnung der Darstellung der Staats- und Verwaltungsabgrenzungen dienen, vereinigen die Karten des vorliegenden Atlas beide Momente durchweg.

3. Freilich ist dies nur durch eine möglichste Vereinfachung des politischen Kolorits zu erreichen, die erst neuerdings vereinzelt anfängt, als ausreichend für Schulatlanten angesehen zu werden (vgl. Diercke-Gäbler). Seltsamerweise glauben viele Herausgeber von Schulatlanten noch heute an einer Spezialisierung des politischen Kolorits bis zu den kleinsten Ex- und Enklaven, wie z. B. in Thüringen, festhalten zu müssen, während sie große Gebirge in wenigen Haarstrichen auf das Papier werfen; offenbar ein Überbleibsel aus der Zeit, wo das Studium der Territorialverhältnisse Kern und Wesen des geographischen Unterrichts war.

Dennoch [illegible]. Die roten Grenzlinien [illegible] politischer Grenzen [illegible] Taf. 22 [illegible] des politischen Kolorits gegenüber der ersten Auflage [illegible].

Nichts aber eignet sich zur Ergänzung durch die Hand [illegible] des Lehrers und Schülers mehr als das politische Kolorit, wenn nur die Grenzlinien angegeben sind. Bei einiger Anleitung [illegible] werden die Schüler sich leicht und gern der Aufgabe unterziehen, die Grenzen [illegible] des Landes [illegible] mit dem Pinsel farbig zu umziehen. [illegible] Die Tafeln 11, 17 und 20 [illegible] entsprechend behandelt.

4. Die völlige Ausscheidung des topischen Elements aus den sogen. rein physischen oder den Fluß- und Gebirgs-Karten scheint mir schon vom wissenschaftlichen Standpunkt, viel mehr aber noch vom schulgeographischen aus eine Verirrung. Denn dieselbe erschwert die Orientierung, die Festheftung des Auges des Schülers auf eine charakteristische Stelle im hohen Grade und führt im Unterricht zu unliebsamen Un[illegible]. Dieser Nachteil ist weit größer, als wenn das Naturbild ein wenig beeinträchtigt werden sollte. Nur muß die Schrift natürlich zurücktreten, und die Abkürzungen treten in volles Recht. Zahllose Namen haben für den Unterricht nur den Zweck, Orientierungsobjekte abzugeben, gelangen also nur zur Geltung, wenn sie im Lehrbuch erwähnt oder vom Lehrer genannt werden. Für solche Fälle genügt fast immer die abgekürzte Form auf der Karte.

5. Größte Sorgfalt hat der Herausgeber auf die Ökonomie der Karten insofern gelegt, als mit gewissen notwendigen Ausnahmen Situation, Bergzeichnung und Schriftfülle stets dem betreffenden Maßstab der Karte angepaßt sind. Daher die scheinbare Leere der Übersichtsblätter oder solcher, für welche der Atlas noch Karten größeren Maßstabes enthält, wie das Alpenblatt gleichsam Spezialblatt für Oberitalien ist. Daher die oft vergebliche Abkürzung mancher Namen, insbesondere wenn die Spezialblätter sie auf größerem Raume ausgeschrieben enthalten; daher die nicht gleichmäßig durchgeführte Schriftgröße; daher die Auslassung mancher Flüsse, Berge, Namen, Zahlen, die man vielleicht im Zusammenhang mit dem Studium des Guthe-Wagnerschen Lehrbuchs ungern vermissen wird — weil eben der Kartenmaßstab die Aufnahme nicht mehr gestattete. Aus dem gleichen Grunde mußte man sparsam mit Eintragung von Landschaftsnamen sein und sich nicht selten auf Hervorhebung einer älteren historischen Provinzeinteilung oder Beschreibung einzelner wichtigen Bezirksnamen (England) beschränken, ein Mangel, dem nur durch Zugabe der nämlichen Karten in größerem Maßstab, also durch eine Vermehrung der Kartenzahl abgeholfen werden könnte.

Wenn dennoch die Karten, die an Namenfülle selbstverständlich die aus neuerer Zeit stammenden Schulatlanten übertreffen werden, aber weit hinter den ältern wie Stieler oder Adami, Kiepert u. a. zurückstehen, fast durchweg gut lesbar erscheinen sollten, so ist dies durch eine sorgfältig ausgewählte Stellung der einzelnen Namen und Zahlen erreicht, welche der Herausgeber nicht dem Gutdünken des Zeichners überlassen hat. Doch bleibt hier, wie man erst im Lauf des Gebrauchs erkennt, noch manche Verbesserung im einzelnen für spätere Ausgaben vorbehalten; manches ist bereits bei Gelegenheit der neuen Auflagen geschehen.

6. Dem schwierigen Feld der Rechtschreibung geographischer Namen ist viel Sorgfalt gewidmet, ohne daß es überall bereits zu einem befriedigenden Resultat gekommen wäre. Die bisherigen Versuche einer Vereinbarung in diesem Punkte, ausgegangen von einer Reihe deutscher Schulmänner und Verfasser geographischer Lehrbücher, beschränkten sich bisher auf eine zu kleine Zahl von Namen, als daß sie von wesentlichem Nutzen für den vorliegenden Zweck sein könnten. Dennoch ist der Atlas mit Rücksicht auf diese dankenswerten Bestrebungen von neuem einer Durchsicht unterzogen, und ich habe mich hier, wie bei anderweitigen Ratschlägen, denselben angeschlossen, sobald die nähere Prüfung eine geschichtliche Begründung oder eine wirkliche Aussicht auf Verdrängung landesüblicher oder eingewurzelter Schreibweisen ergab.

So konnte ich mich u. a. für „Celebes" und „Guayana", nicht aber für „Dschawa" (statt Java) entscheiden; die Wiedereinbürgerung der „Südsee" an Stelle des Zeichens „Stiller Ozean" erscheint mir [illegible] lich während [illegible] in einem deutschen Atlas deutsche Namenformen wie „[illegible]", die bei uns seit Jahrhunderten gebräuchlich sind, fallen zu lassen. Den Anregungen aus den Niederlanden und Österreich folgend, ist die Scheidung der [illegible] von den [illegible] gewählten deutschen Übersetzungen von den deutschen Formen in den neuern Auflagen strenger als bisher durchgeführt.

7. Terraindarstellung und Flächenkolorit. Von dem Ideal eines Kupferbuntdrucks für die Situation und das Terrain mußte leider der Kosten wegen Abstand genommen werden. Das Gelände ist vielmehr durch Lithographie hergestellt, die mir in der Mehrzahl der Blätter gelungen erscheint, wenn auch der Umdruck die charaktervollen Zeichnungen, auf die ich den größten Nachdruck gelegt wissen wollte, nicht überall wiedergibt. Die von mir ins Auge gefaßte Idee, das Flächenkolorit im wesentlichen auf obere Terrainstufen (Tief-, Hochebene, Tiefländer, Hochthal etc.) zu beschränken und daher die zu markierenden Höhenstufen je nach dem dargestellten Lande — also im allgemeinen fast von Blatt zu Blatt — wechseln zu lassen, mußte aus Besorgnis, daß dies den Anfänger verwirren könnte, aufgegeben werden. Aber indem zu der üblichen Darstellungsweise zurückgegangen ward, ist absichtlich in den Grenzlinien der Höhenstufen stark generalisiert worden.

Es fehlt nicht an Anhängern der gleichen Bestrebung, wie z. B. R. Kiepert von „Meeresrandhebungen" spricht, welche er auf seinen Wandkarten durch die Flächenfarben unterscheiden will. Im Grunde verfolgen alle die Atlanten, in denen die Isohypsen nicht durch ausgezogene Linien begrenzt sind, die gleiche Tendenz, wenn sie nicht etwa damit nur die Unsicherheit andeuten wollen, richtige

Isohypsen zu ziehen, wo das genügende Material (noch) fehlt. Im Gegensatz davon glauben einzelne Herausgeber von Schulatlanten das gesamte Terrainbild durch ein Höhenschichtenbild ersetzen zu können, ohne zu bedenken, daß dies nur bei einer sehr großen Zahl von Isohypsen ausdrucksvoll wird, und daß zur Herstellung der Höhenlinien erforderliches Material nur für einen Teil Europas vorliegt. [illegible] auf Taf. 5 eine Zusammenstellung gegeben, die meines Erachtens für die Beibehaltung der Schraffenmanier spricht, wenn man zwischen dieser und der Höhenschichtenmanier wählen soll.

Der Hauptnachteil liegt bei letzterer teils in der verschiedenen Wirkung, welche die Farbenwahl der Schichten hervorruft — um dies vor Augen zu führen, erhielten absichtlich **Nr. 24** und **25** (Alpenländer und Schweiz) eine etwas abweichende, diesen Hochgebirgsländern jedoch mehr angepaßte Skala, als die übrigen Karten —, teils darin, daß man sich wiederum in diesem einen Punkte an eine mathematisch genaue Linie hält, während man bei andern Darstellungsobjekten im großartigsten Maßstab generalisiert, d. h. die mathematische Genauigkeit vollkommen abstreift. Endlich fällt der Wechsel der Farben für die Höhenschichten in zahllosen Fällen nicht mit Böschungen der Stufen des Geländes zusammen und erzeugt daher beim Anfänger leicht ein irrtümliches Bild.

Man wolle daher die Flächentöne auf den Karten dieses Atlas wesentlich als ausgleichende Mittel zur Herstellung eines ruhigen Terrainbildes neben dem selbstverständlichen Zweck der Unterscheidung gewisser Höhenstufen flachen Geländes ansehen. Der schließlichen Auswahl der Farben gingen zahlreiche Versuche vorher, und wurden solche gewählt, durch welche die in der Natur bestehenden zarten Übergänge gleichfalls möglichst vermittelt wurden. Wie man bemerken wird, dient auch die dunklere Farbe, welche den höhern Gebirgspartien aufgelegt wurde, mit dazu, den bisher vielfach im Unterricht überschätzten Wert der Gipfelhöhen gegenüber Paßeinsenkungen, Thalebenen &c. herabzumindern. Die Grenzlinien der Farbentöne sind übrigens durchaus unter Berücksichtigung der zur ersten Orientierung geeigneten Isohypsen entworfen und alsdann den Terrainformen mehr oder weniger angepaßt. Im allgemeinen hielt man sich an Höhen von 200, 500, 1000 Meter, die dem Herausgeber bei Beschränkung auf wenige Stufen die geeignetste Abstufung des Terrainbildes zu geben scheinen, was an anderer Stelle begründet werden mag. Wenn das erzeugte Bild stellenweise, wie insbesondere im Norden und Osten Europas, in Amerika und Asien, von anderweitigen Darstellungen abweicht, so ist dies als Ergebnis neu gewonnener Anschauung auf Grund von Originalmaterialien oder auf Grund abweichender Auffassung des Herausgebers anzusehen.

Die [illegible] z. B., **Taf. 22**, ist in der zweiten Auflage ([illegible]) nach der hypsometrischen Karte des europäischen Rußland von General Tillo umgearbeitet, welche zugleich Anlaß bot, den Farbentönen der Höhenschichten eine etwas abweichende Grenze zu geben.

Viel zahlreicher, als es selbst heute noch in Hand-Atlanten üblich ist, wurden Höhenzahlen in Thälern und Ebenen eingeschrieben, da solche meist für ein weites Gebiet charakteristisch sind, während die Ziffer am Gipfel oder an Kulminationspunkten viel häufiger nur minimale Flächen nach der Höhe markiert. Die Höhenzahl ist ferner das Greifbare, im Gedächtnis Haftbare, während die Farbentöne nur für die Dauer der Betrachtung eines Blattes zu wirken vermögen. Mehrfach sind die Ziffern der Übersichtsblätter absichtlich abgerundet, um die erste Erfassung zu erleichtern.

8. Das Einzeichnen der Tiefenlinien in den Meeren geschah aus technischen Gründen. Lieber wäre dem Herausgeber das Fortlassen derselben gewesen, selbstverständlich unter Beibehaltung der durch Farbentöne zu unterscheidenden Tiefenstufen, weil die Linien beim Anfänger leicht den Schein exakter Kenntnisse der Tiefenverhältnisse erwecken, während dieselben doch meist noch recht fraglich sind.

In der neuen Auflage haben die Tiefenlinien auf einzelnen Blättern viele [illegible] Berichtigungen erfahren.

9. Nur mäßigen Gebrauch habe ich auf den Karten von Verkehrslinien gemacht. Ein volles Eisenbahnnetz erdrückt das Naturbild, und ein methodischer Schulatlas will und soll kein allgemeiner Handatlas sein. Über die Auswahl der Linien, die als Hauptlinien im geographischen Sinne anzusehen sind, auch wenn sie vielleicht heute durch einige Abkürzungslinien mit Schnellverkehr in Schatten gestellt sind, wird es schwer sein, allgemeine Verständigung zu erzielen. Sie hängt wiederum ganz vom Kartenmaßstab ab. Aber es

gleich viel Lesern nicht schon wesentlich zur Betrachtung gewisser geographischen Erscheinungen aufgenommen bzw. ausgewählt. An allen Taf. 34, Atlantischer Ozean, die [illegible] Karte abwechselnden Arten und Heimatorten von Dampfern und mehr auch Seglern vorwiegen werden, um ihre Abhängigkeit von Wind- und Strömungsverhältnissen zu erläutern. Übrigens ist der Wunsch, den Atlas nach dieser Seite noch ein wenig zu ergänzen, [illegible] vielfach dem Herausgeber nahegelegt, daß die Sache einer erneuten Prüfung unterzogen worden ist, es hat dies zur Einrichtung einer weitern Reihe von Verkehrskarten geführt.

10. Die menschlichen Wohnorte sind um so sorgfältiger ausgewählt, je größer der Kartenmaßstab war. Die Übersichtskarten können danach fast wie Elementarkarten gebraucht werden. Mehr und mehr bricht man sich zum Glücke von dem alleinigen Kriterium der Bewohnerzahl einer Ortschaft, um sie durch Ortszeichen und Schrift zu klassifizieren. Eine Karte, zumal eine zu Unterrichtszwecken bearbeitete, sollte sich nicht in ein Kartogramm oder in eine kartographisch verlegte statistische Tabelle ausarten. Andree ist hier mit gutem Beispiel vorangegangen, die relative Bedeutung einer Ortschaft im Verhältnis zu ihrer engern oder weitern Umgebung zum Maßstab für die Auszeichnung auf der Karte zu machen. Das Gleiche ist im vorliegenden Atlas geschehen, woraus sich auch der Wechsel der Schriftsorten auf manchen Blättern ergibt.

Im übrigen ist die Auswahl kleinerer Orte, ähnlich wie in meinem Lehrbuche, vielfach nach rein geographischen Gesichtspunkten getroffen, ohne daß, wo es der Maßstab zuließ, auch solche Punkte außer acht gelassen wären, welche historische, merkantile oder wirtschaftliche Bedeutung haben, denn dem Ziele wird man von seiten der Schulbehörden zustreben müssen, daß der Atlas weit mehr auch noch in andern Unterrichtsstunden gebraucht wird — besonders in den geschichtlichen —, als dies heute der Fall ist. Eben deshalb muß aber den Schülern mittlerer und oberer Klassen ein Atlas in die Hand gegeben werden, welcher auch in der Topik über den Elementaratlas hinausgeht.

Es wird selbstverständlich den Lehrern der Geschichte überlassen werden zu prüfen, ob in [illegible] Richtung der gebotene Stoff schon genügt oder der Ergänzung bedarf. Dieselbe wird sich freilich immer den allgemeinen Zwecken dieses Atlas unterordnen müssen und kann nur erfolgen, wenn der Maßstab der Karte neuen Namen eine unschädliche Stelle gewährt. Ein Blick auf die hier vorliegenden Blätter wird aber wohl die Haltlosigkeit des von Direktor Bechtel in Königsberg erhobenen Vorwurfs darthun, daß „auf Unkosten der Geographie die historischen Orte von dem Schulatlas völlig verschwunden sind", eine Behauptung, die übrigens ebensowenig anderen neueren Schulatlanten, wie z. B. dem Debes-Kirchhoffschen gegenüber, Berechtigung hat.

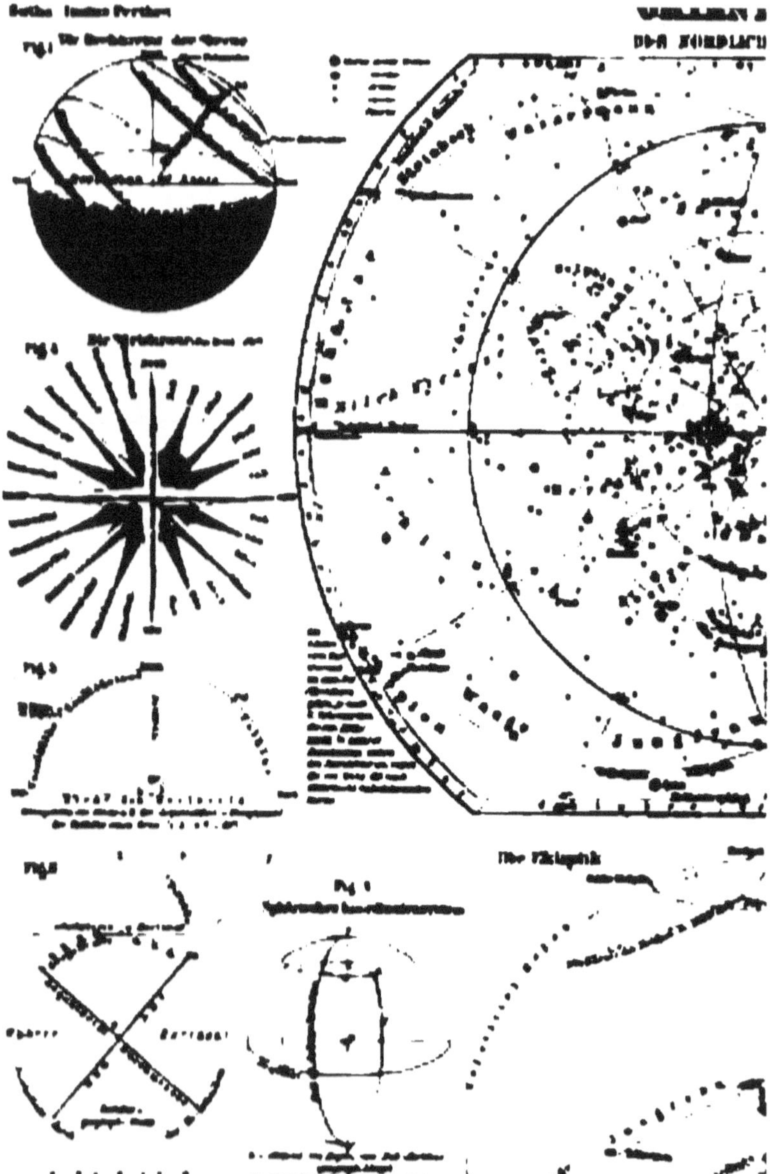

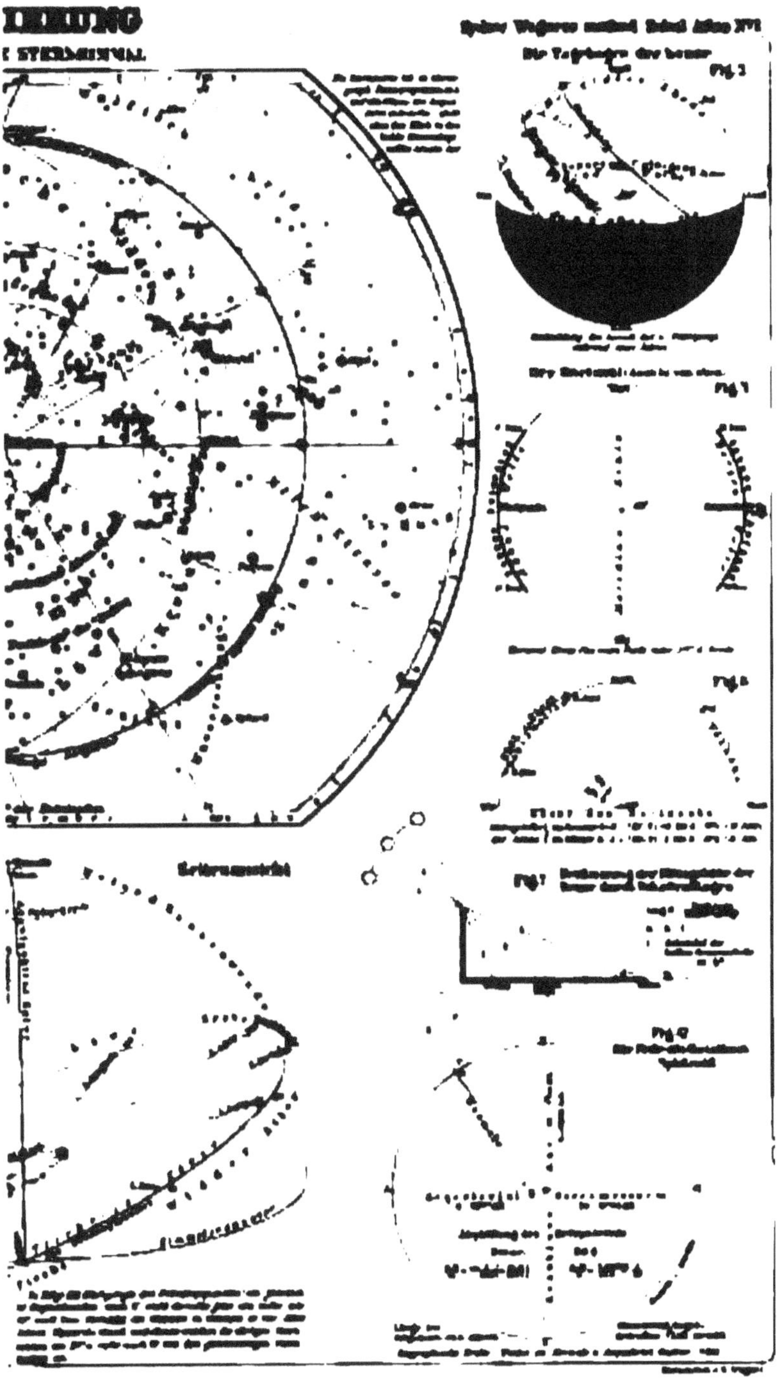

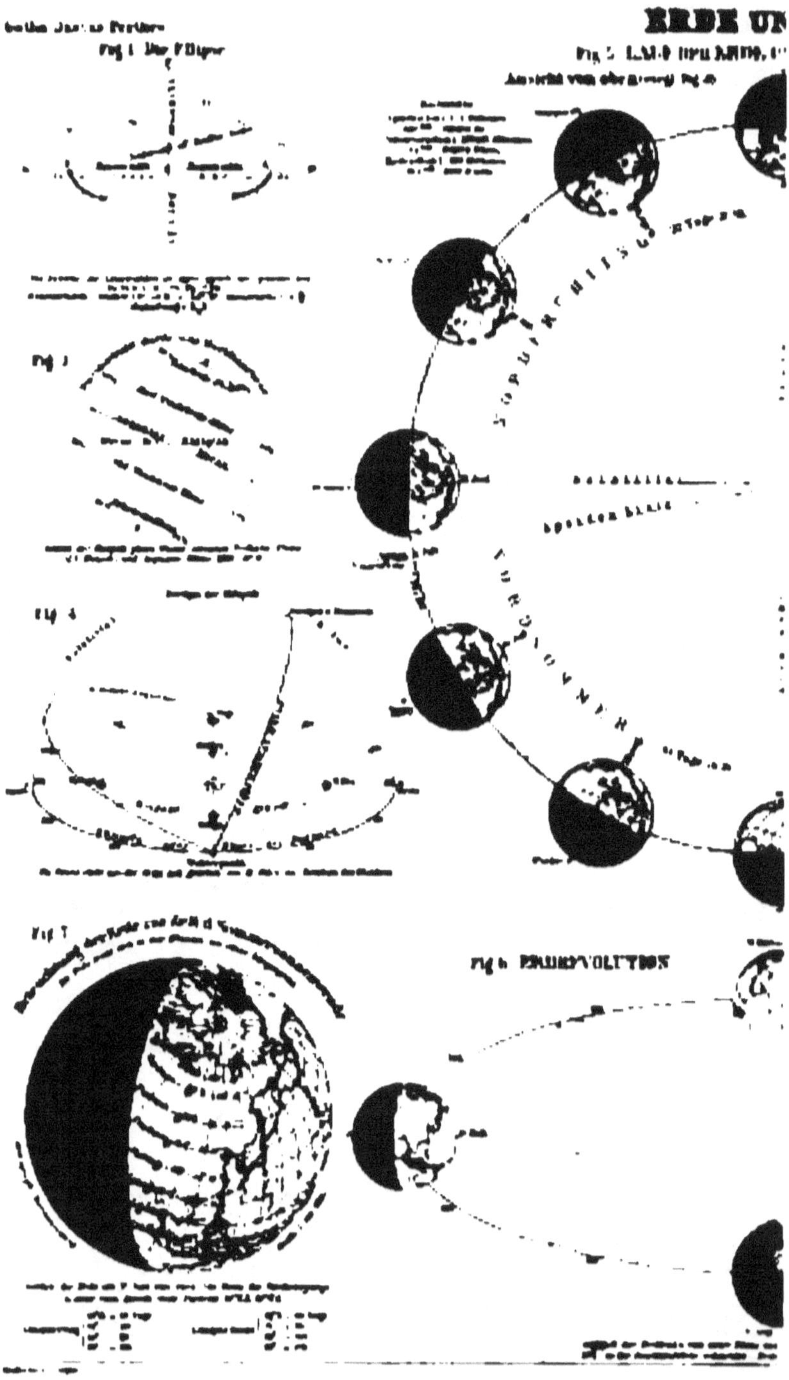
ERDE UN

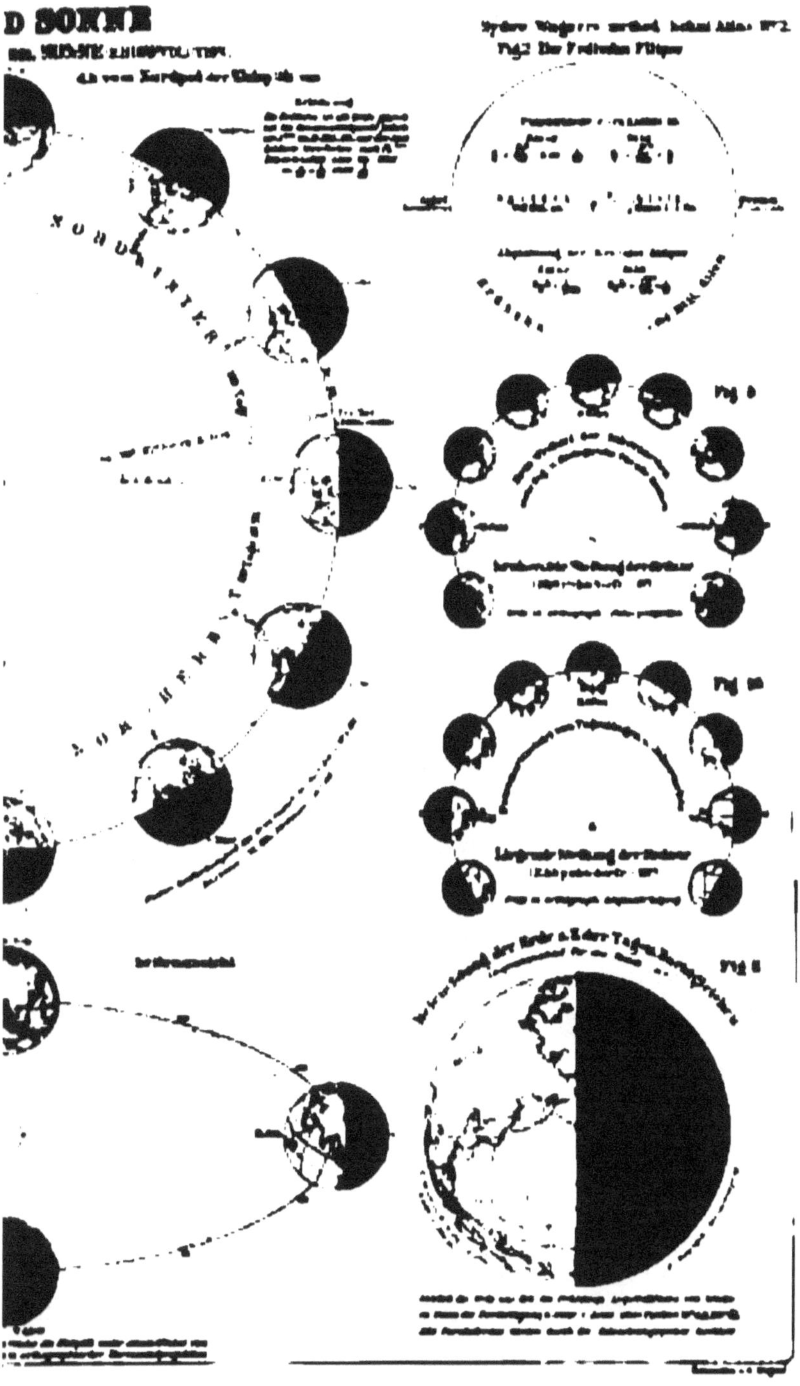
D SONNE

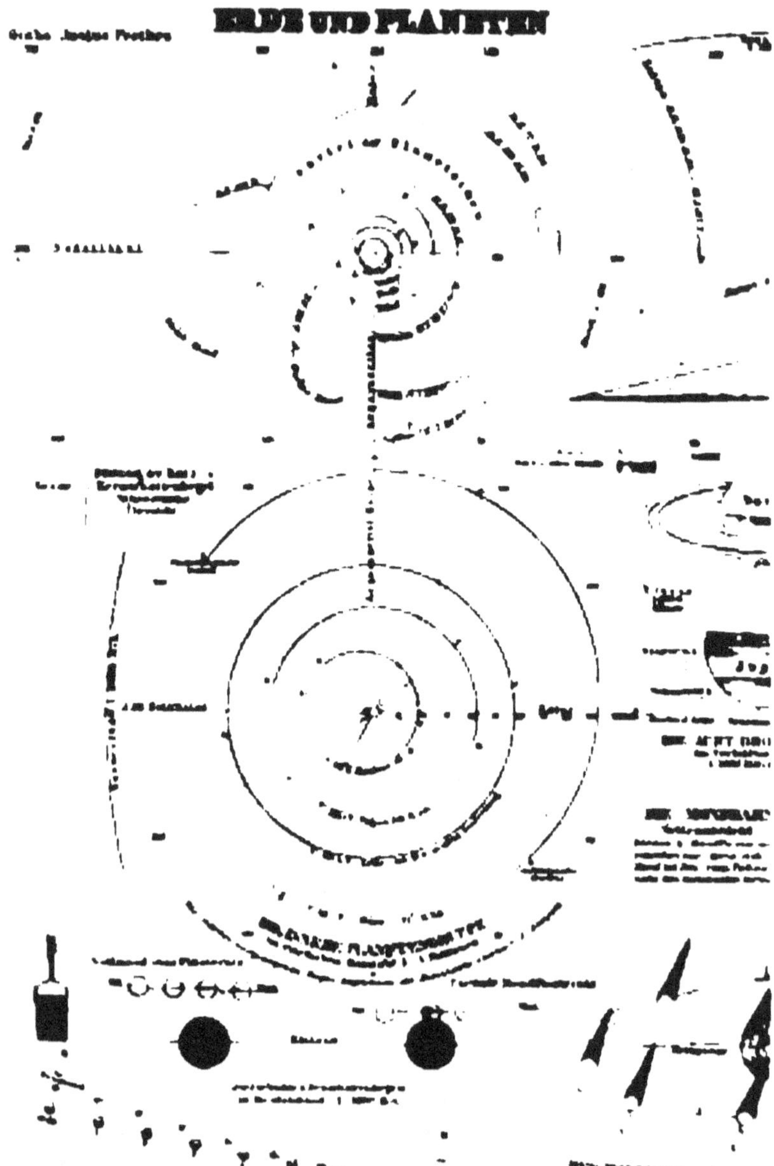
ERDE UND PLANETEN

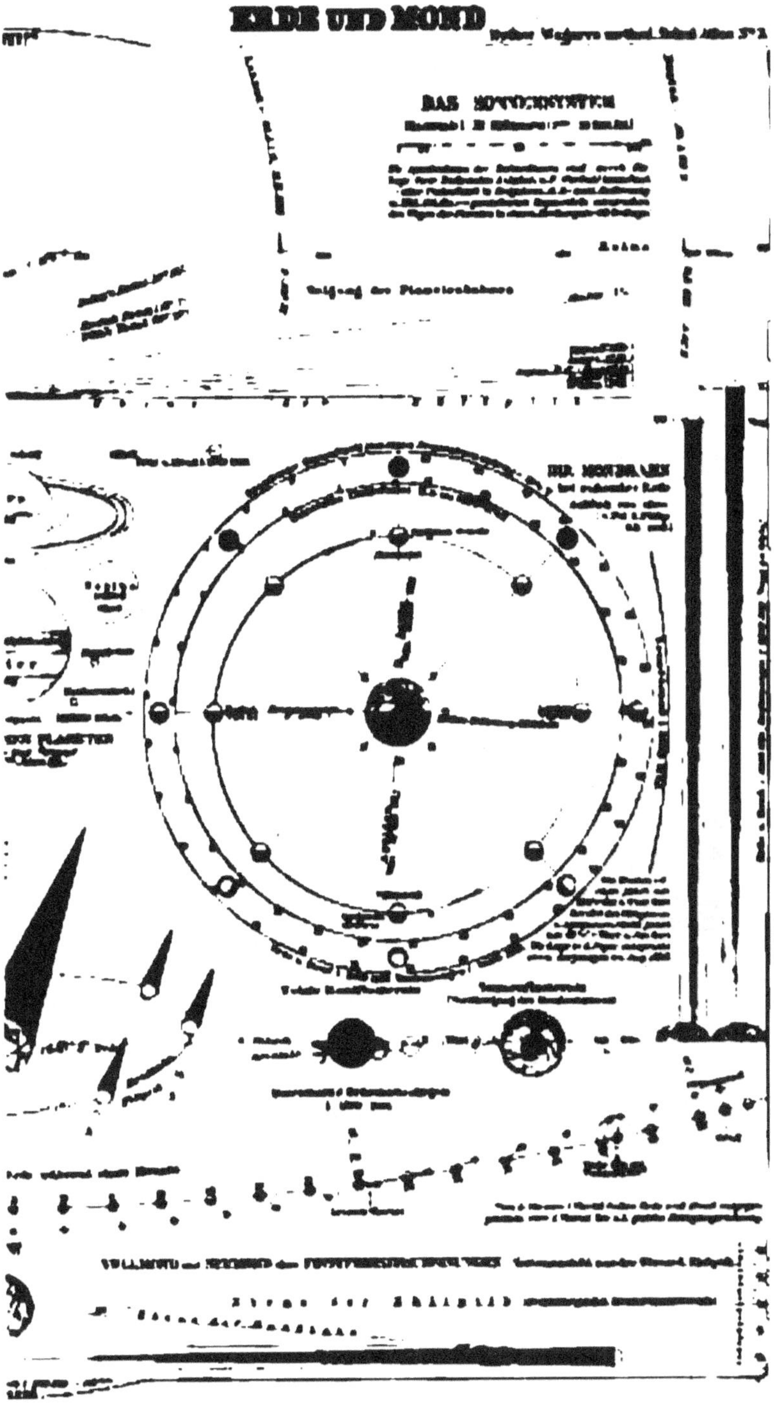
ERDE UND MOND

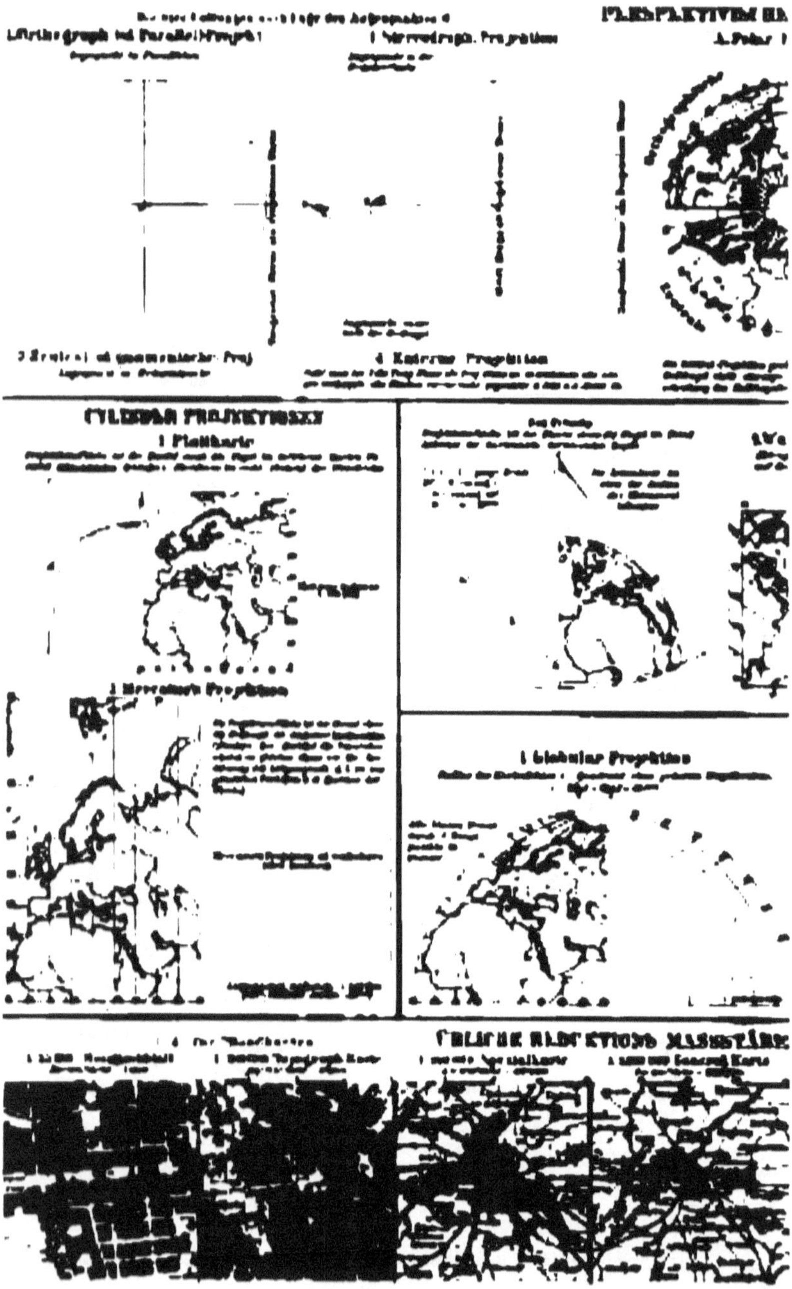

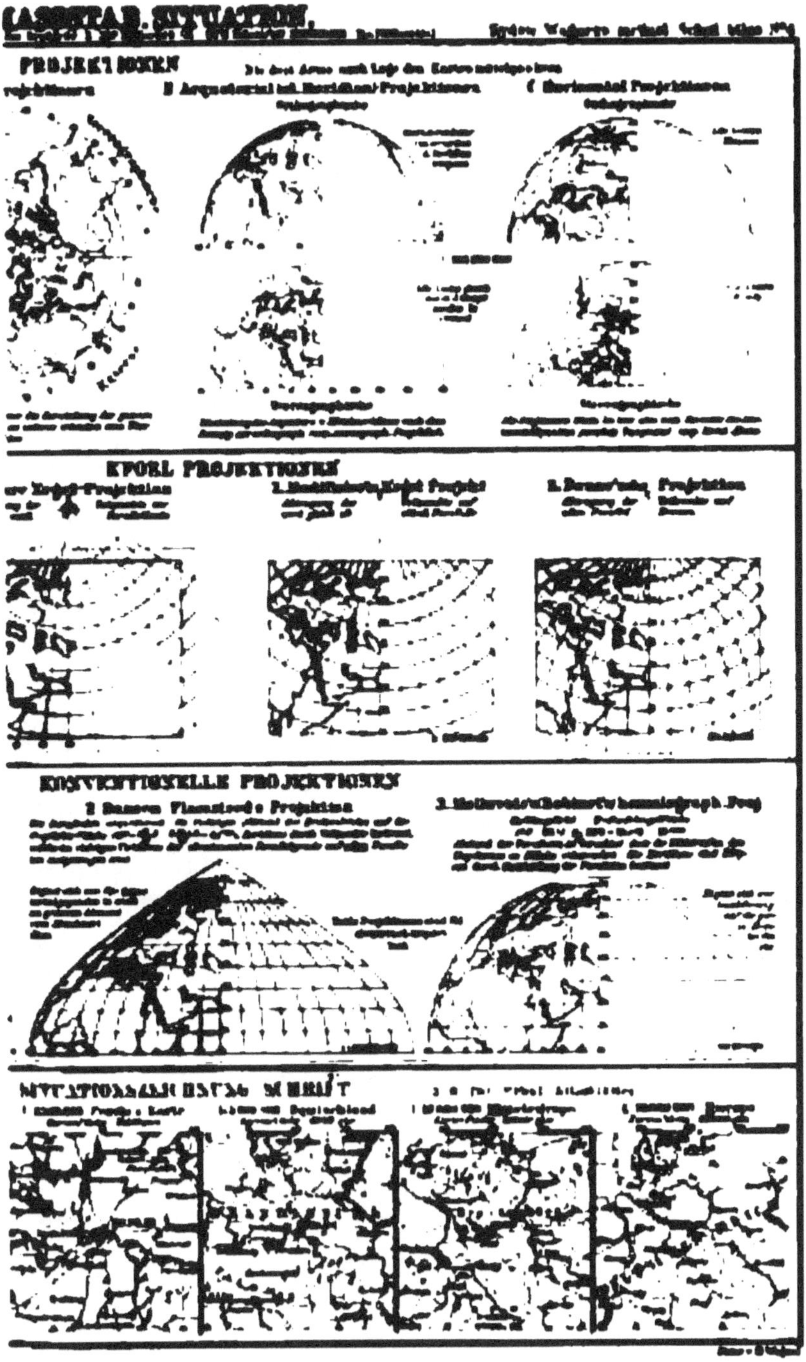
PROJEKTIONEN
KONVENTIONELLE PROJEKTIONEN

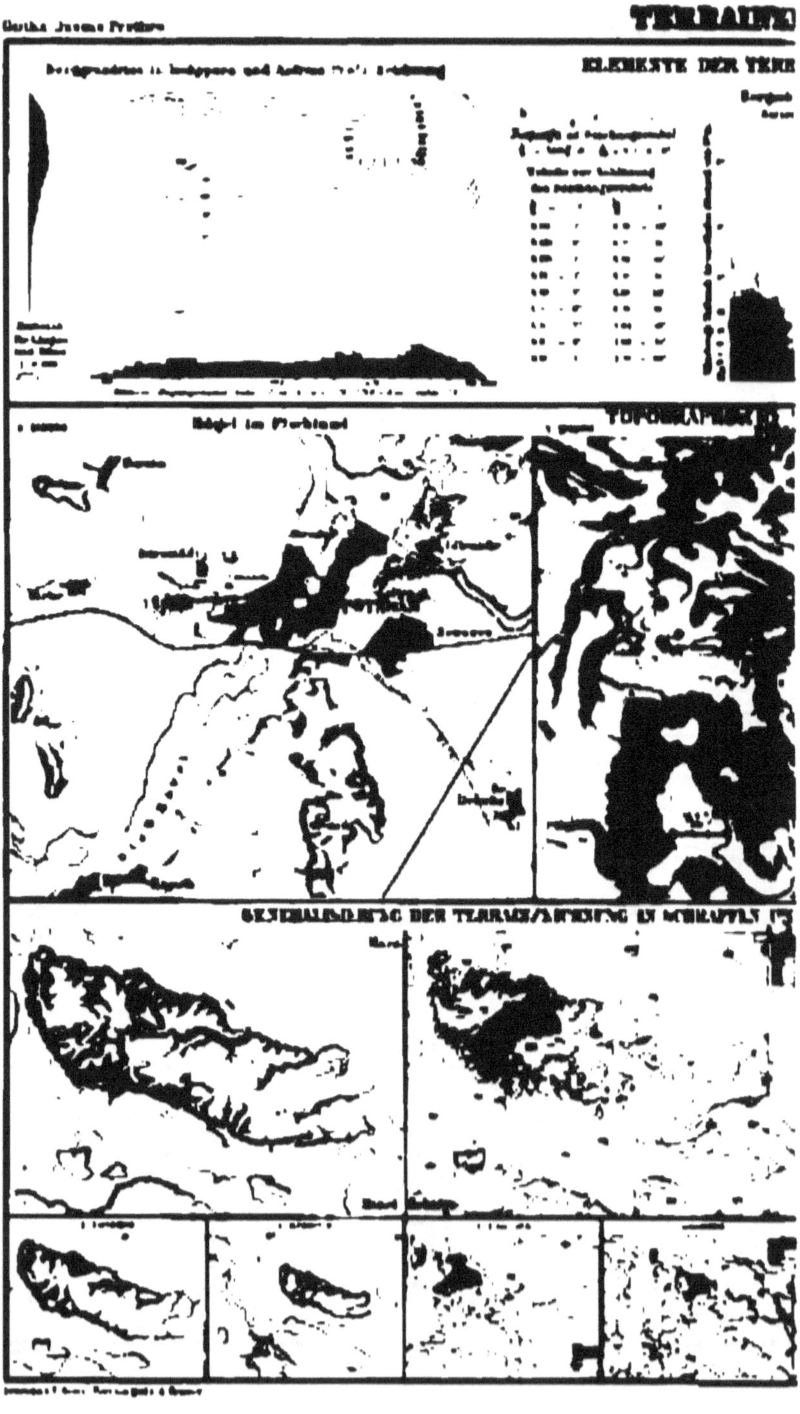

ICHNUNG

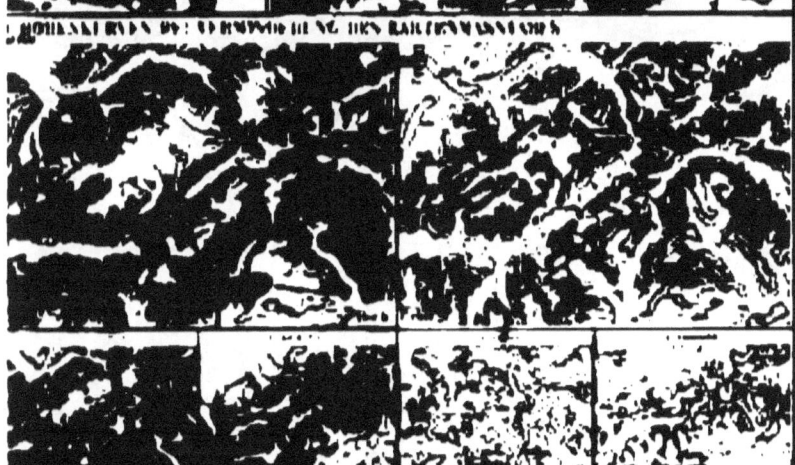

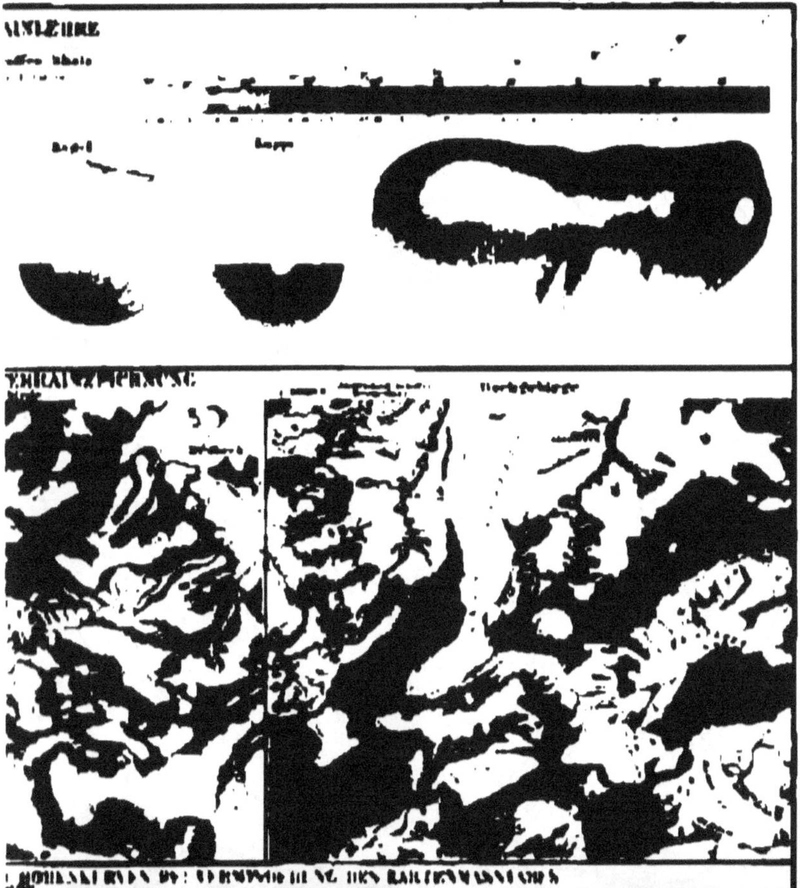

Gotha: Justus Perthes

ERDANS

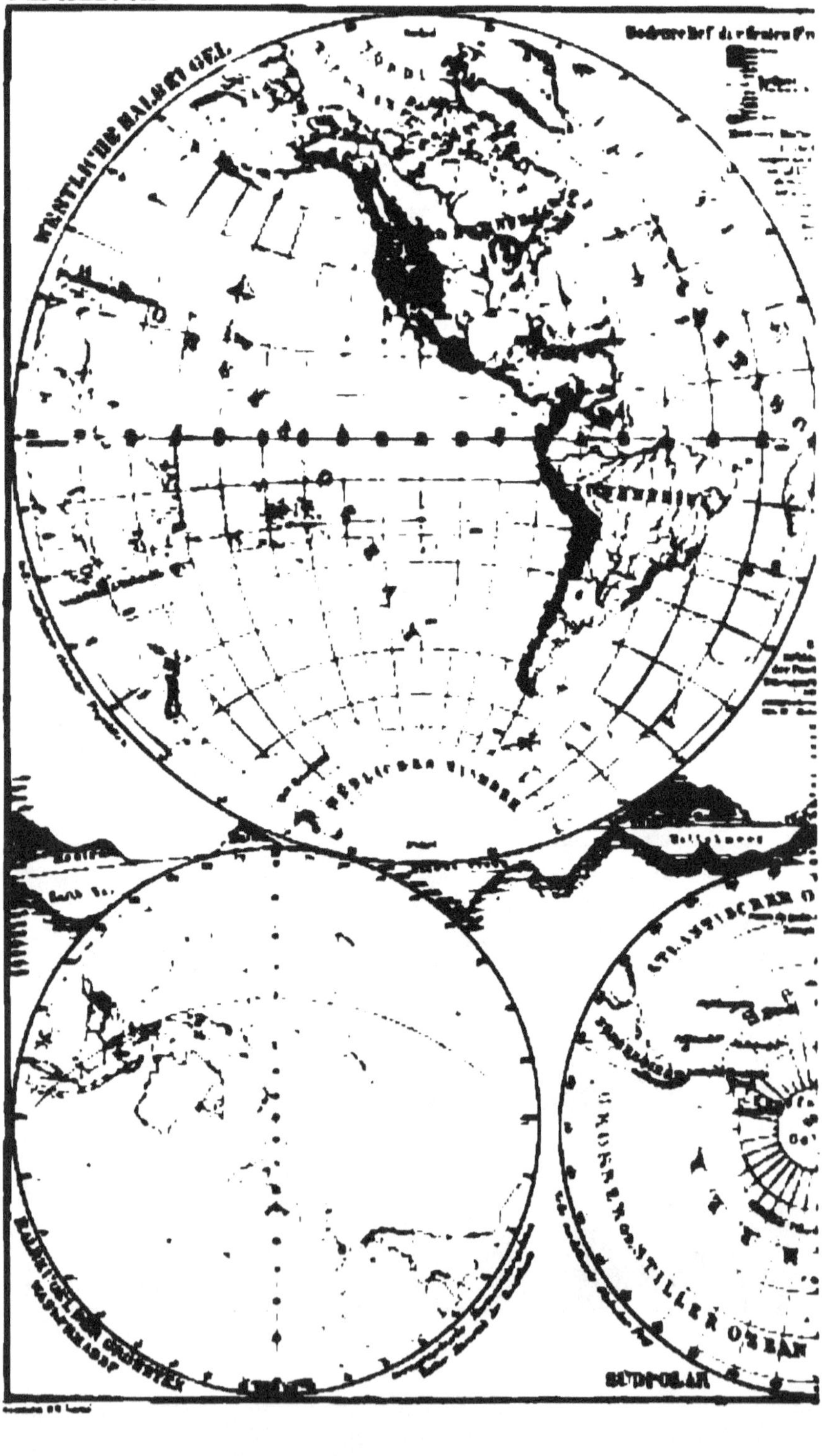

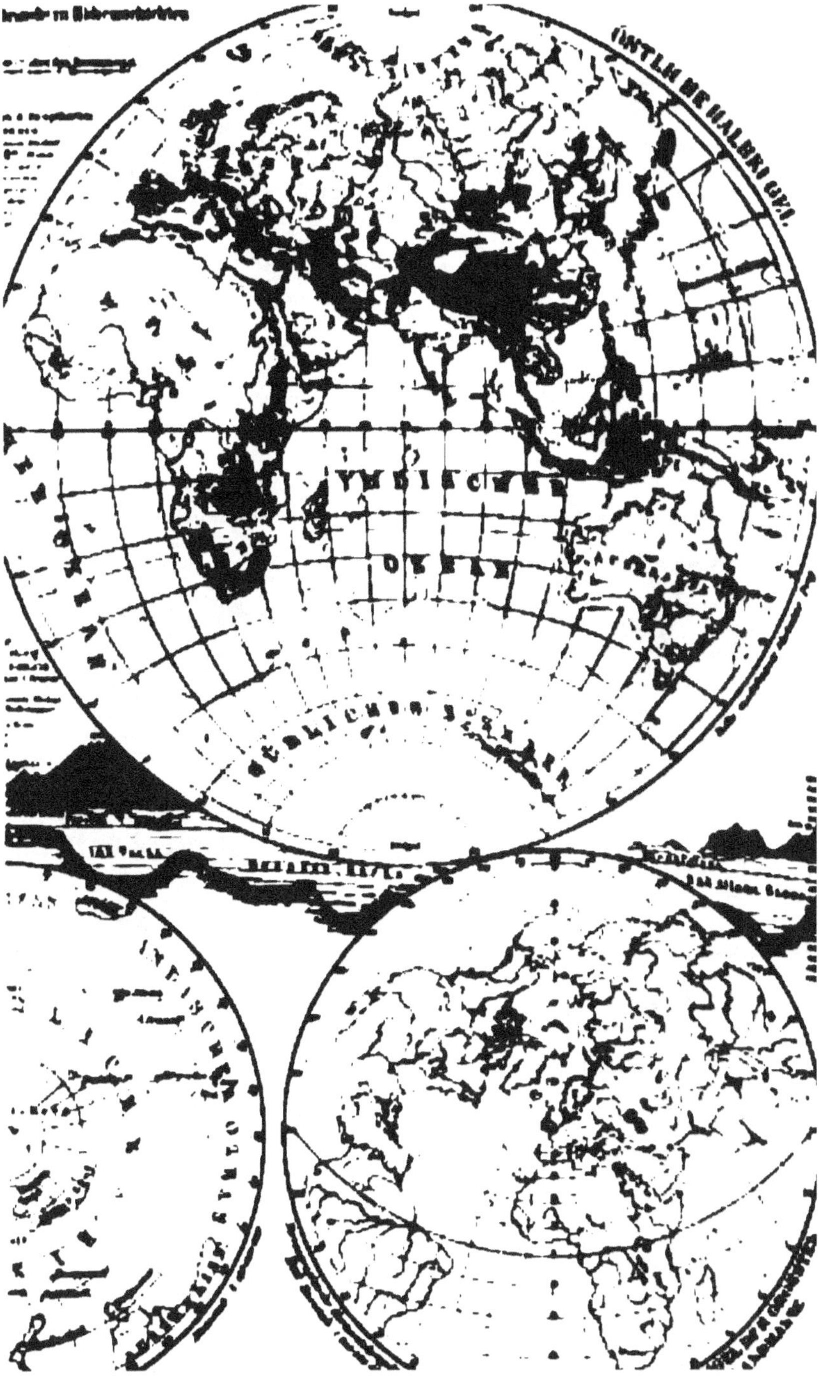

DER LU

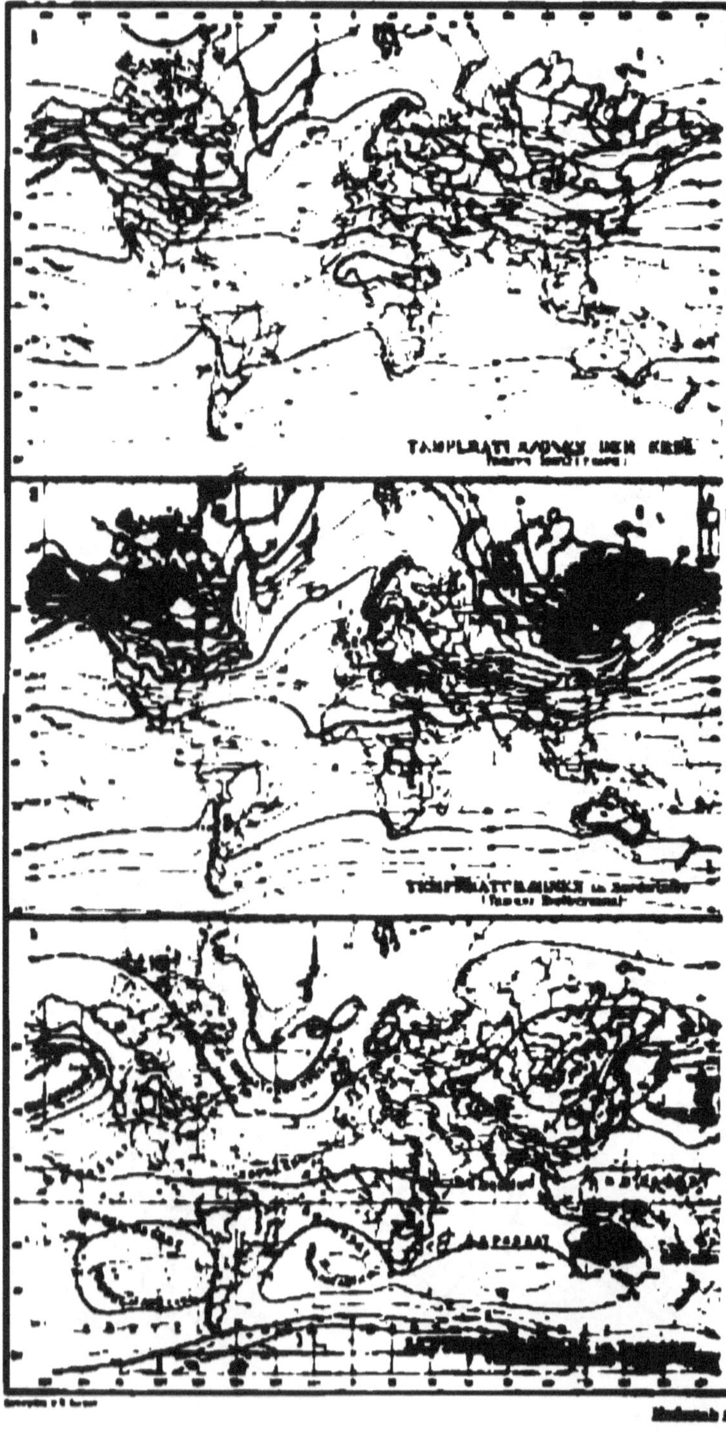

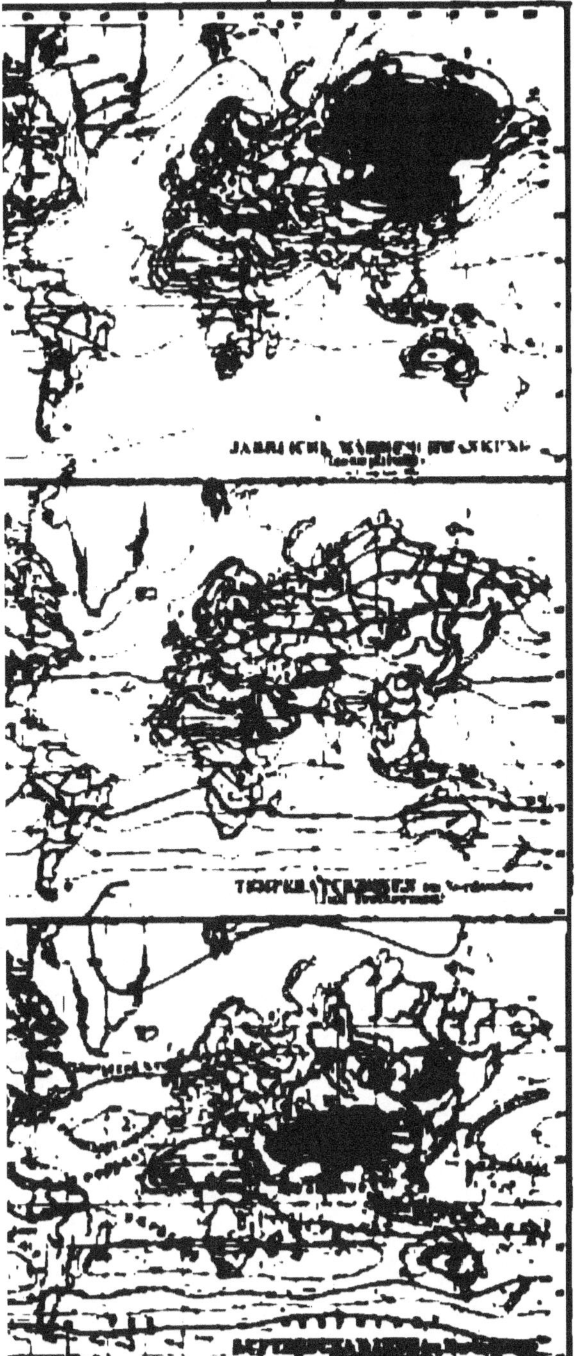

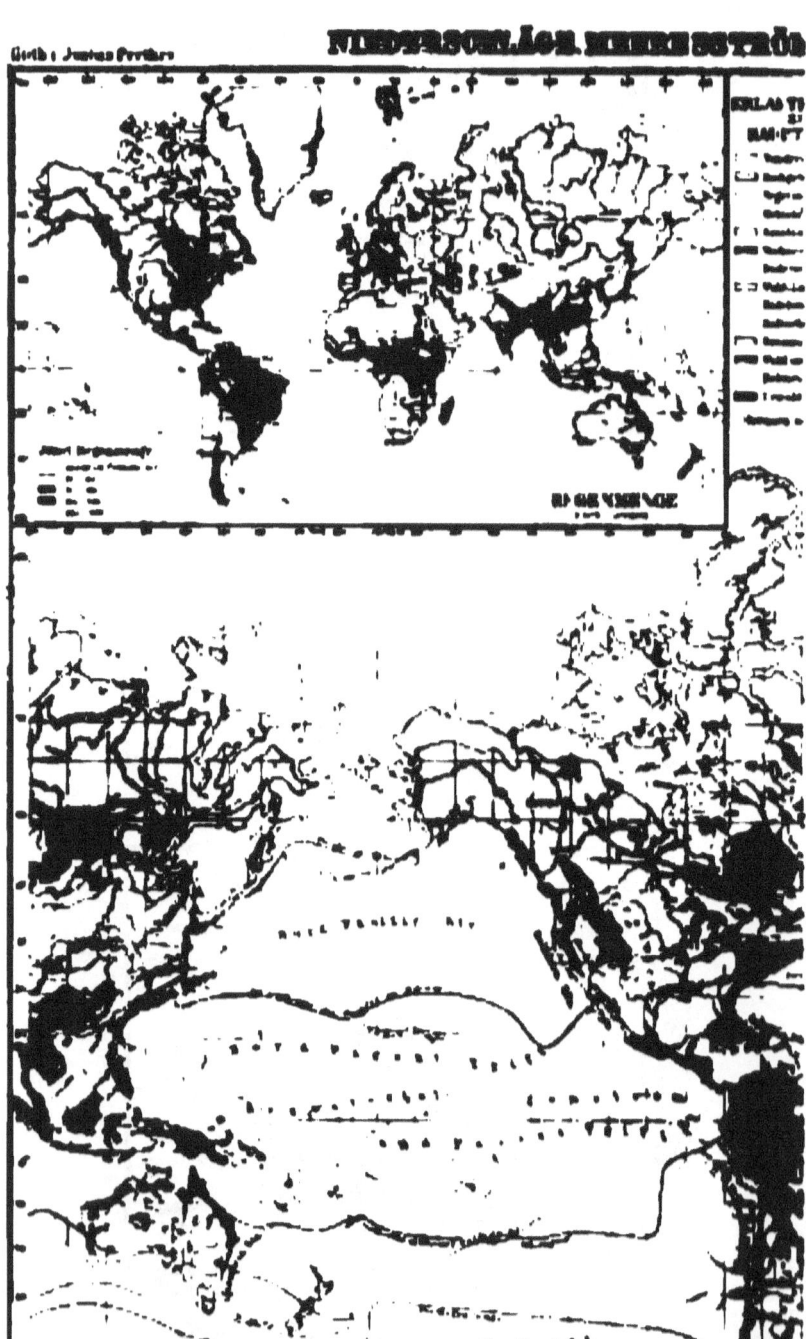

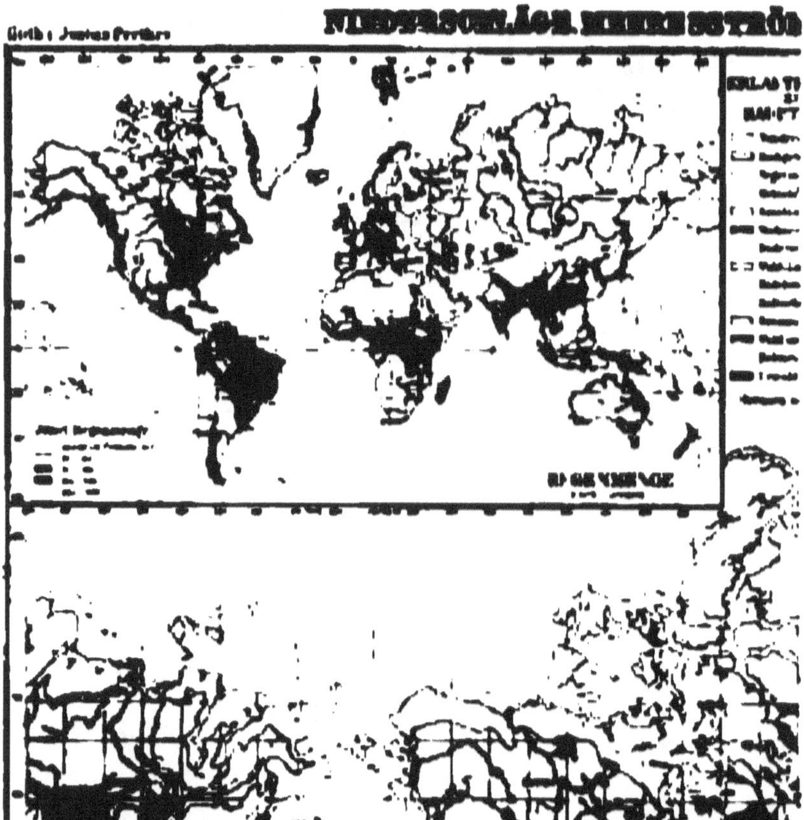

UNGEN. VEGETATIONSGÜRTEL

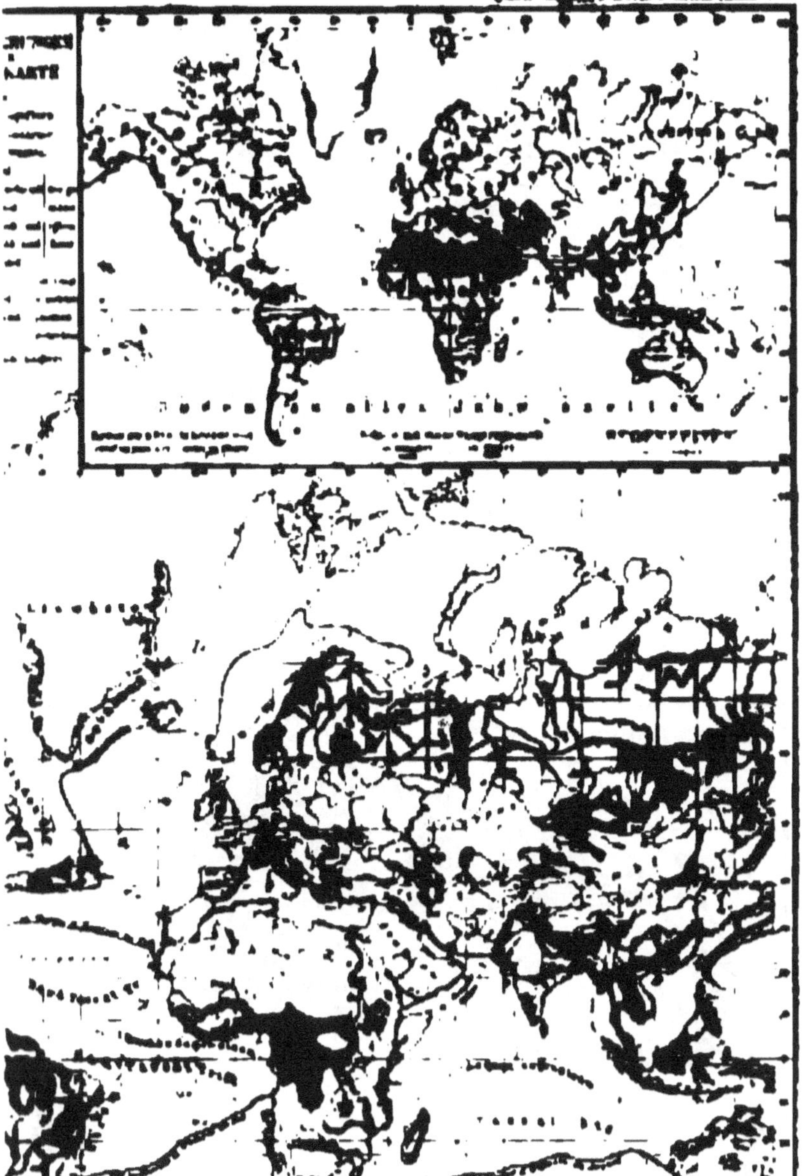

VÖLKER

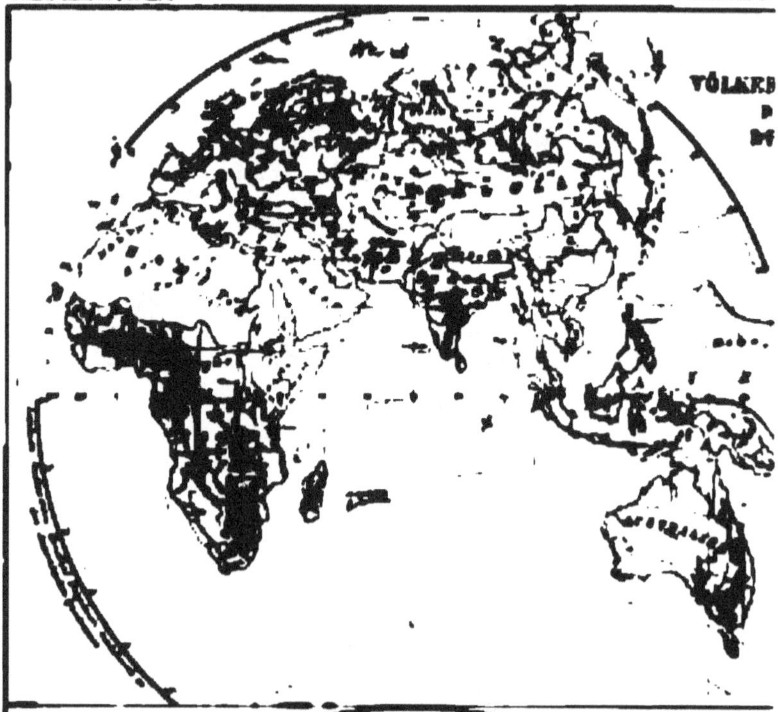

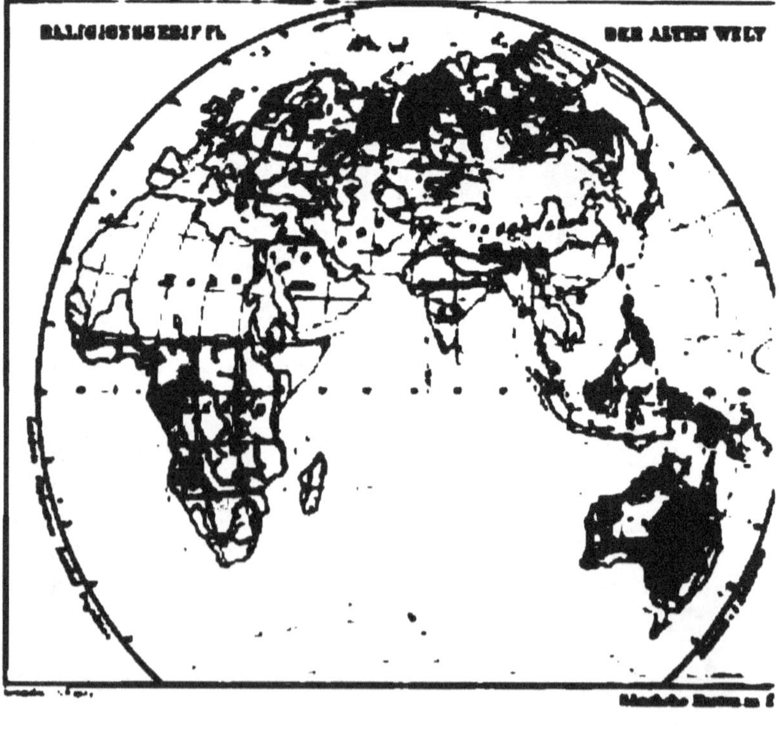

KARTEN

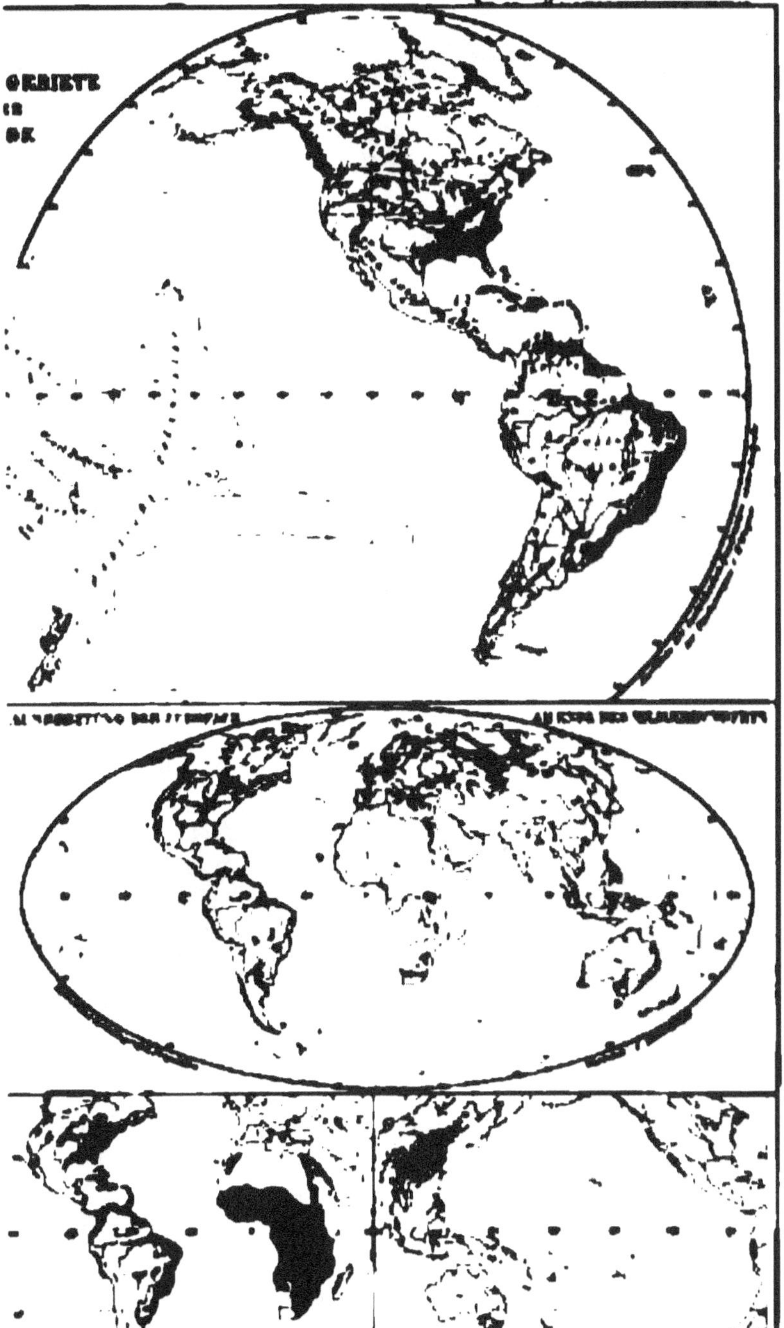

MENSCHENDICHTE. WELTVERKE

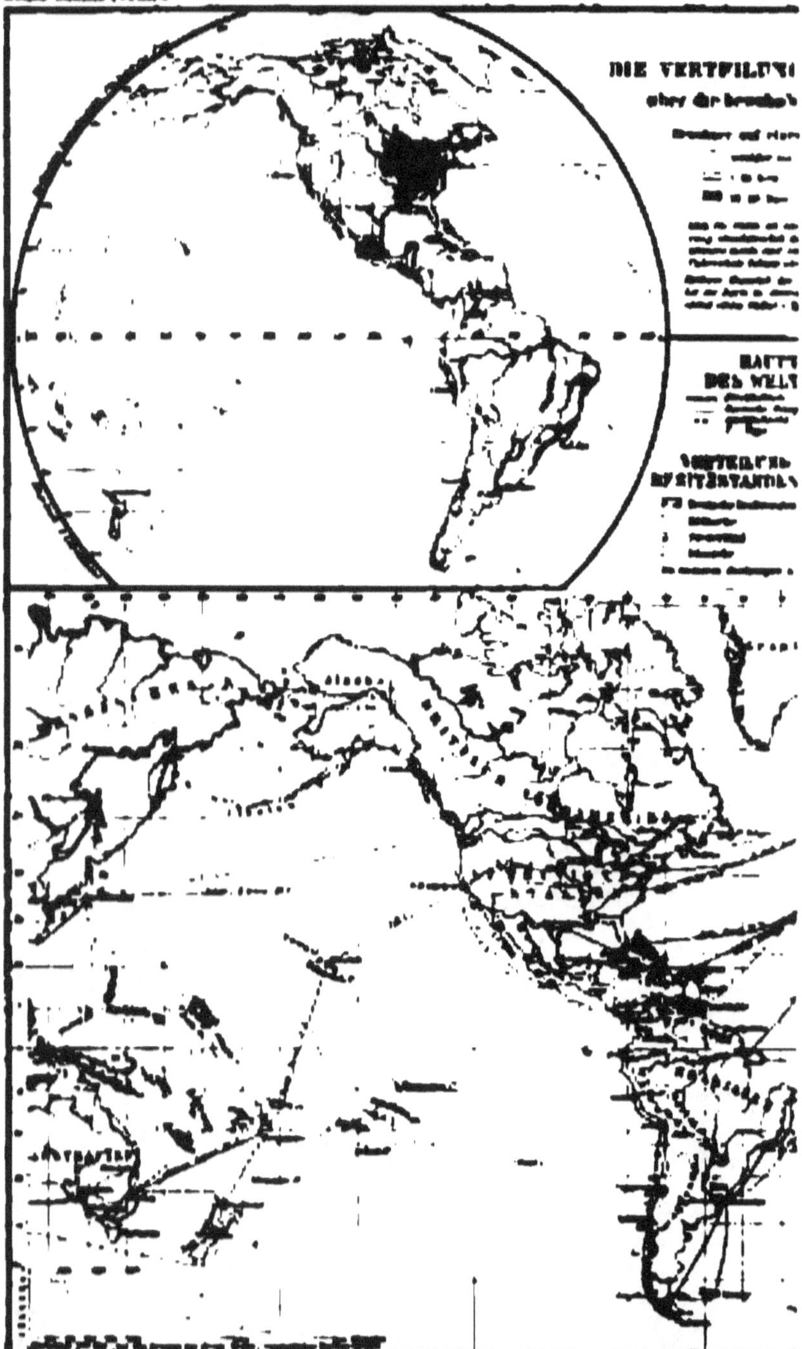

HRSLINIEN. KOLONIALBESITZ.

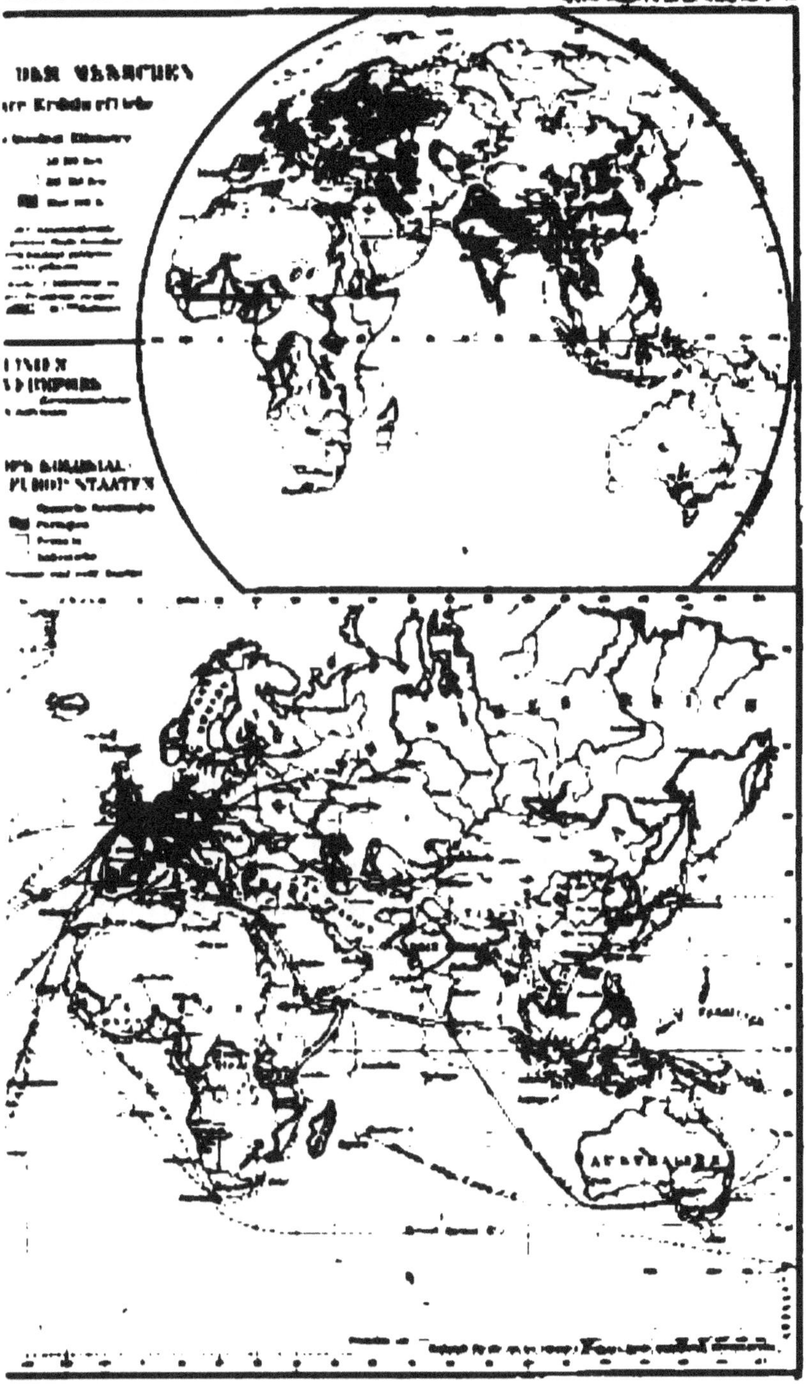

Gotha: Justus Perthes

EU

NORD-A

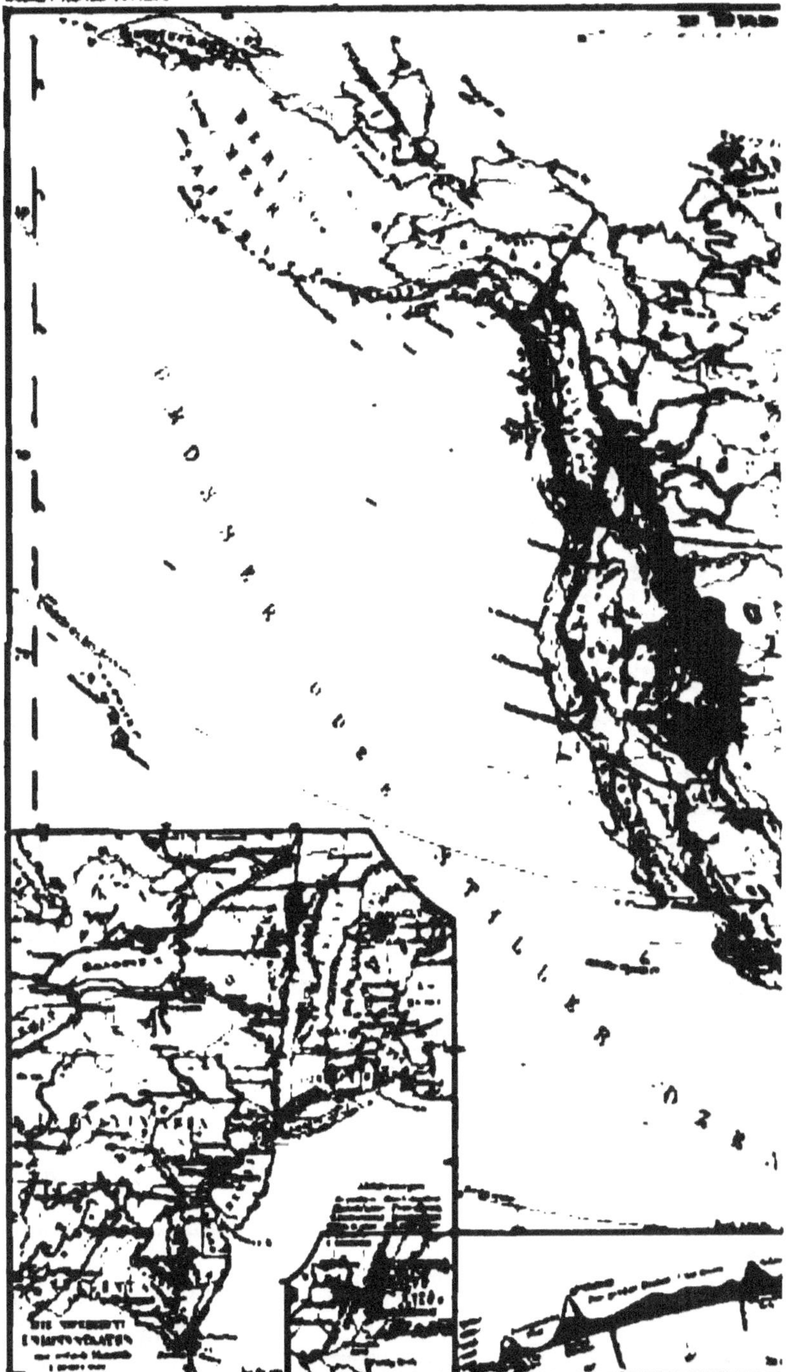

ERIKA.

VEREINIGTE STAATEN, MIT

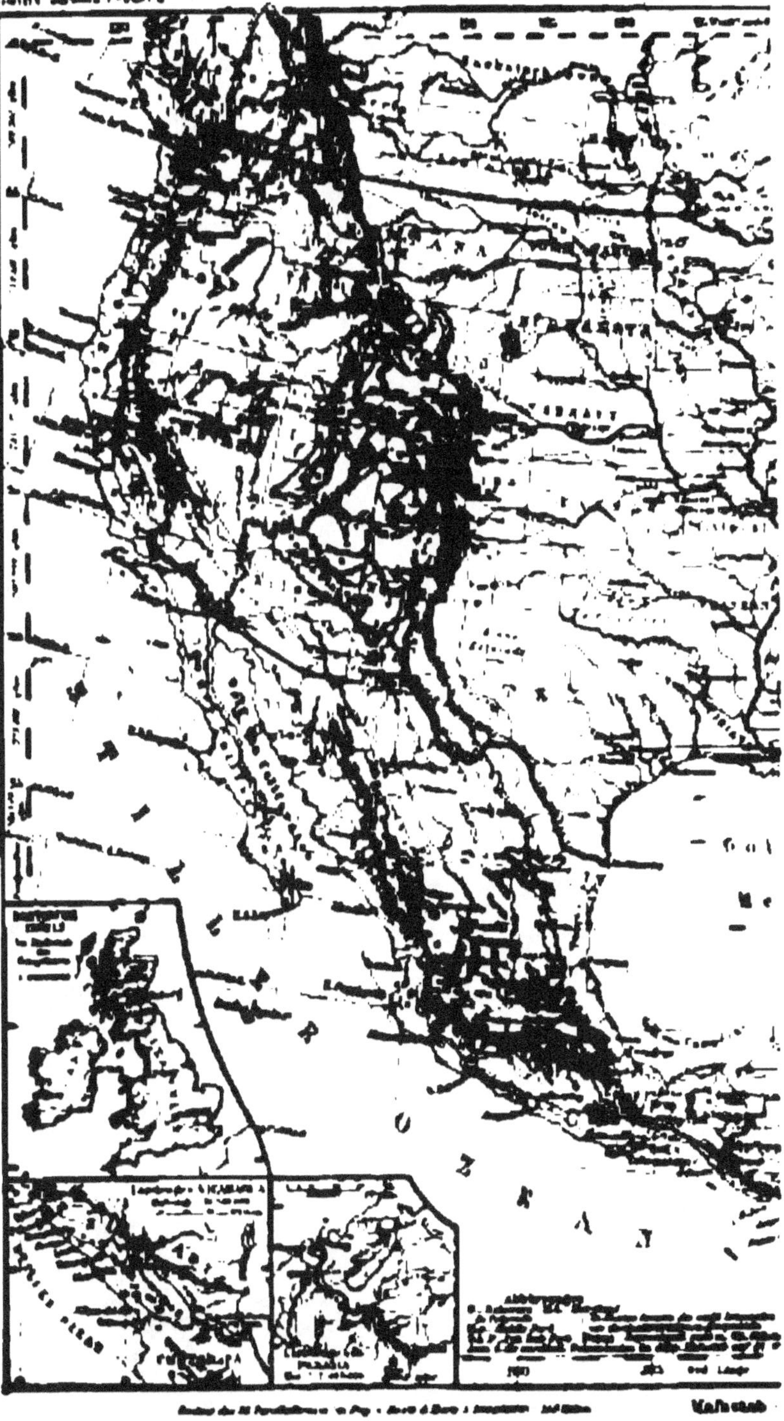

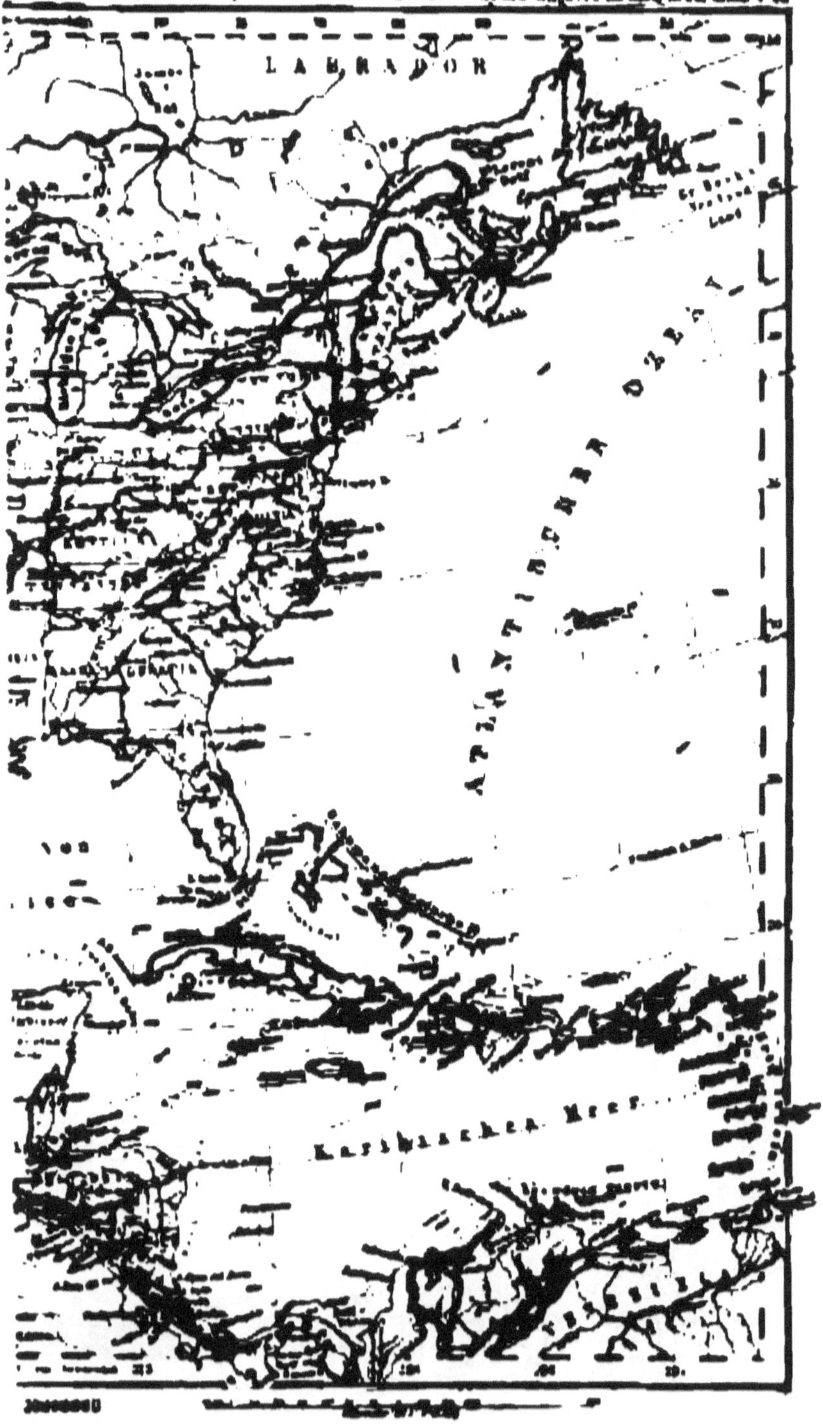
TELAMERIKA, WESTINDIEN.
LABRADOR
Karaibischen Meer

KLIMA E

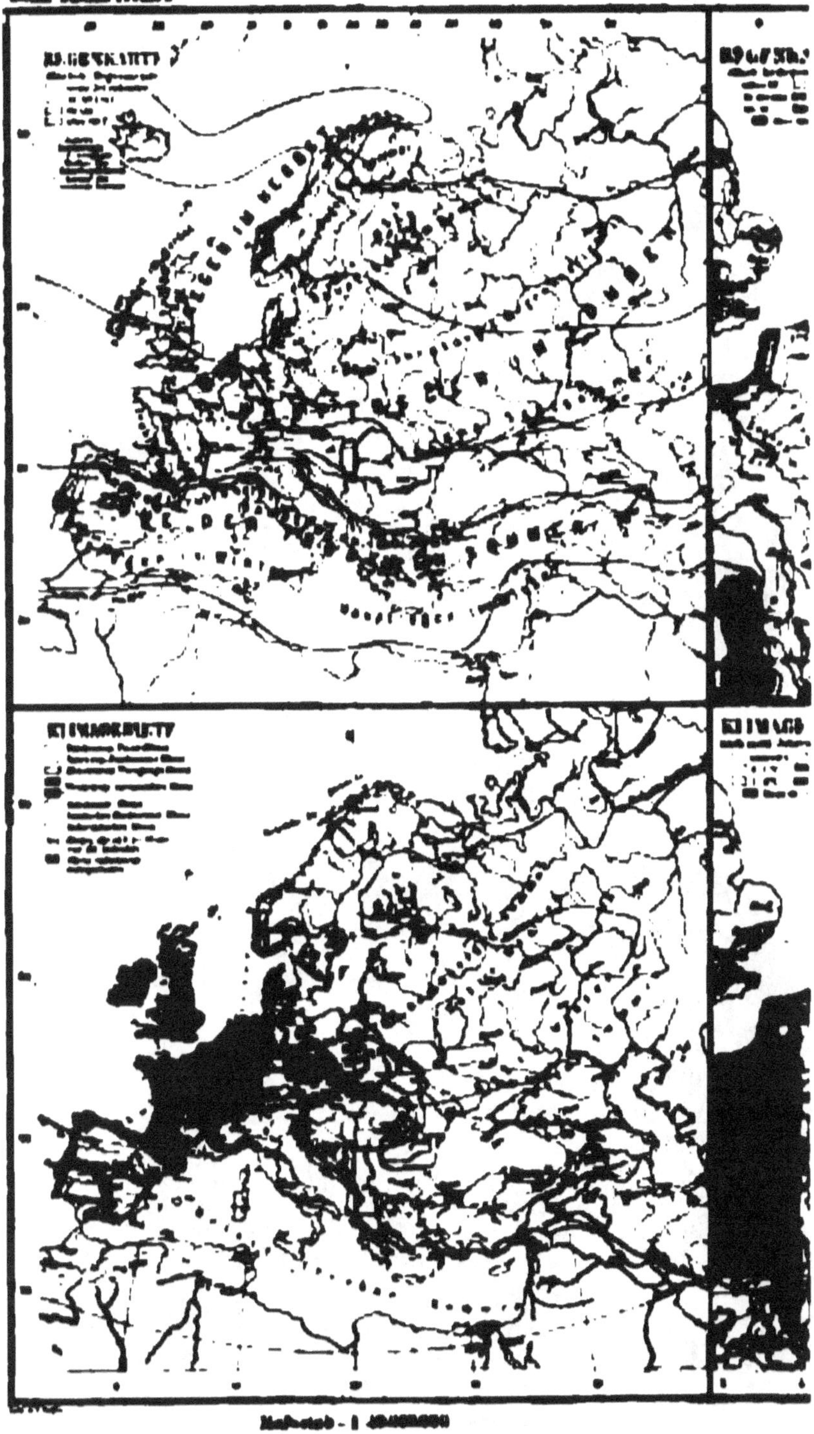

UROPAS

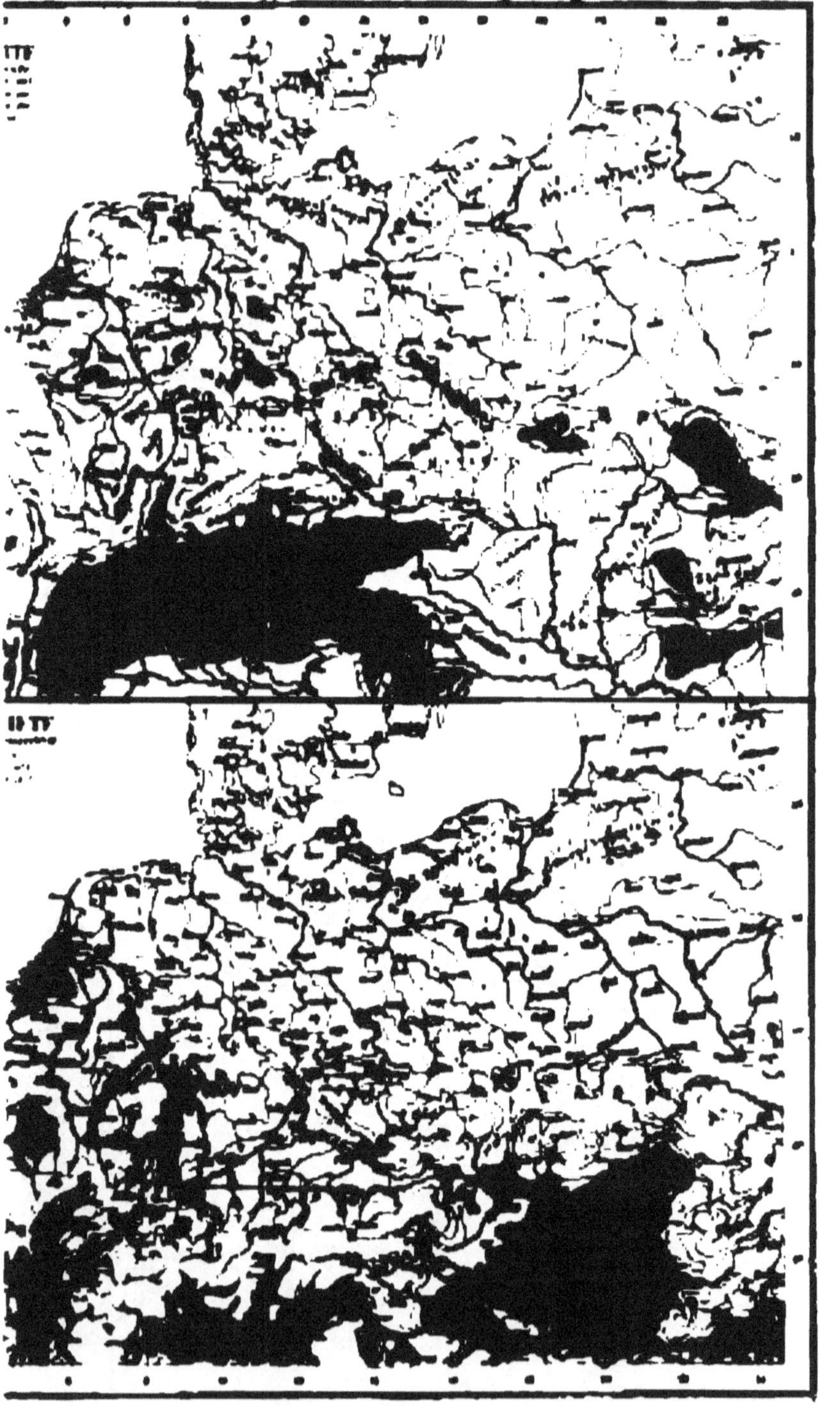

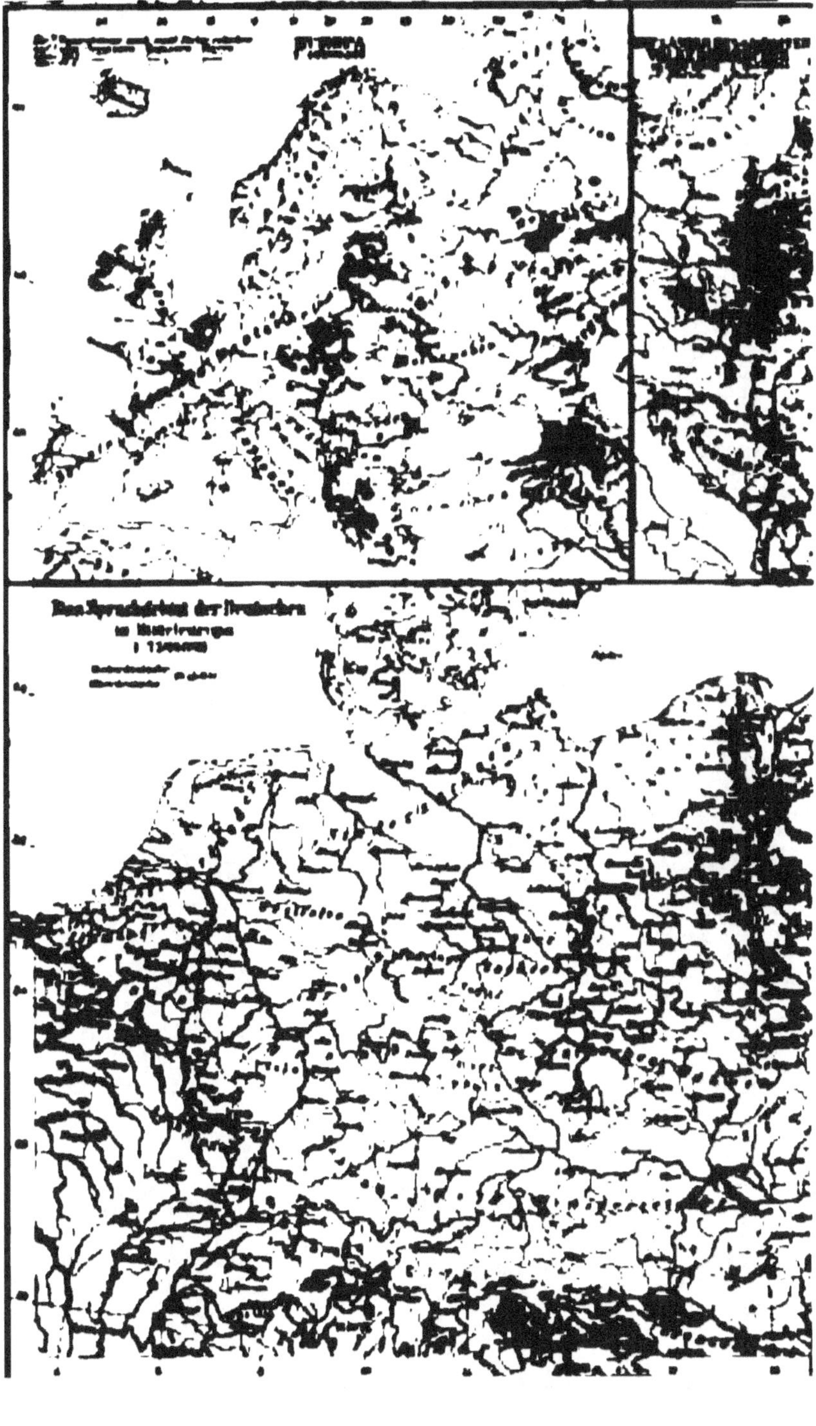

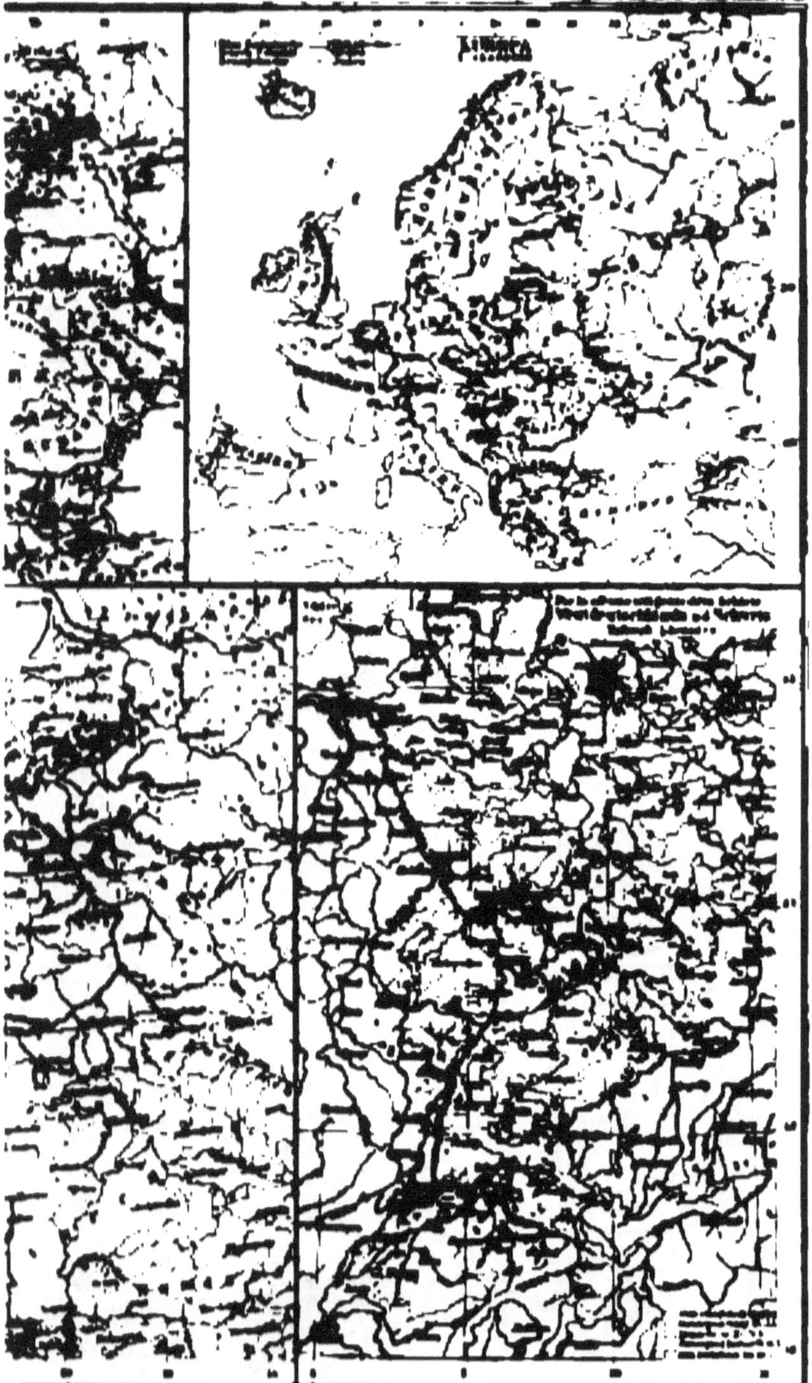

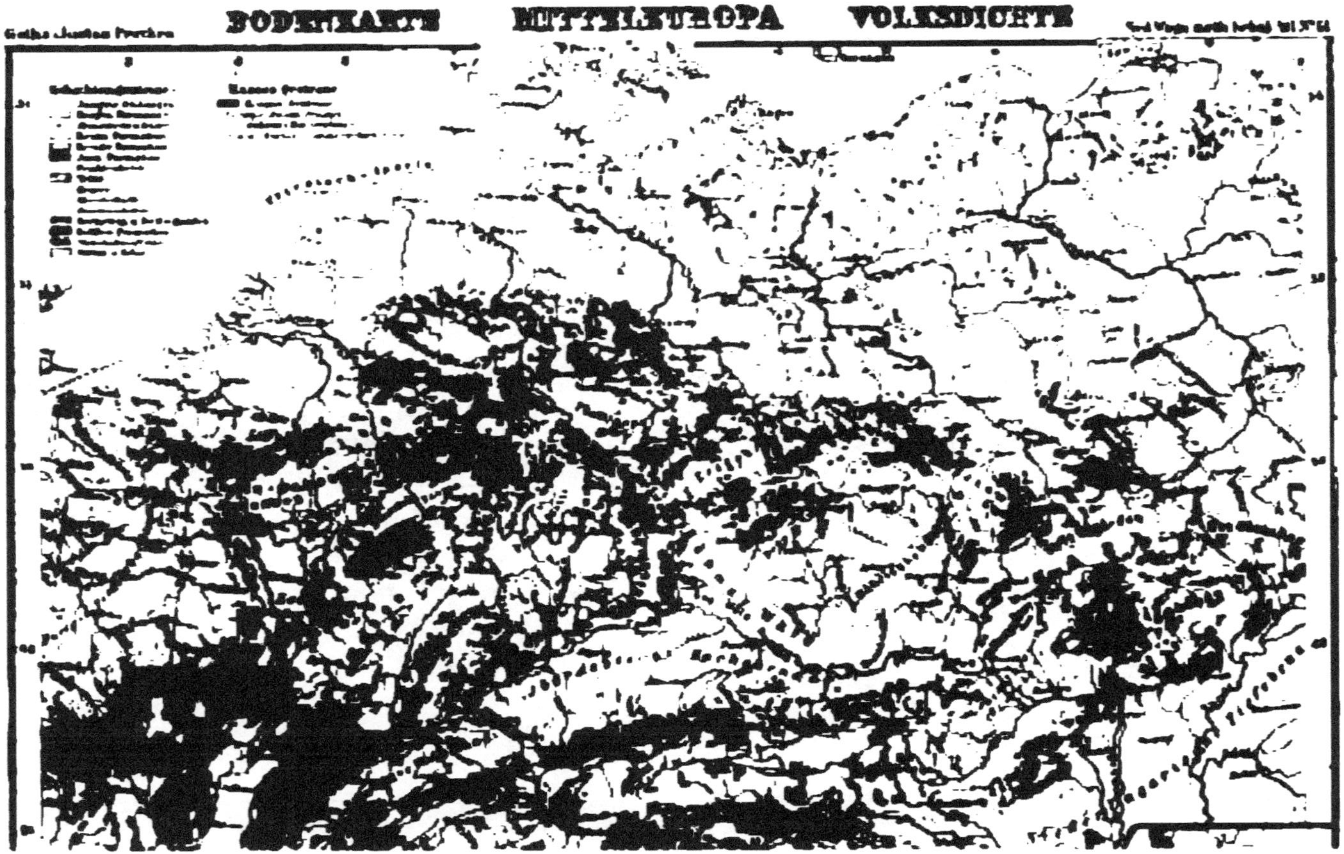
BODENKARTE
MITTELEUROPA
VOLKSDICHTE

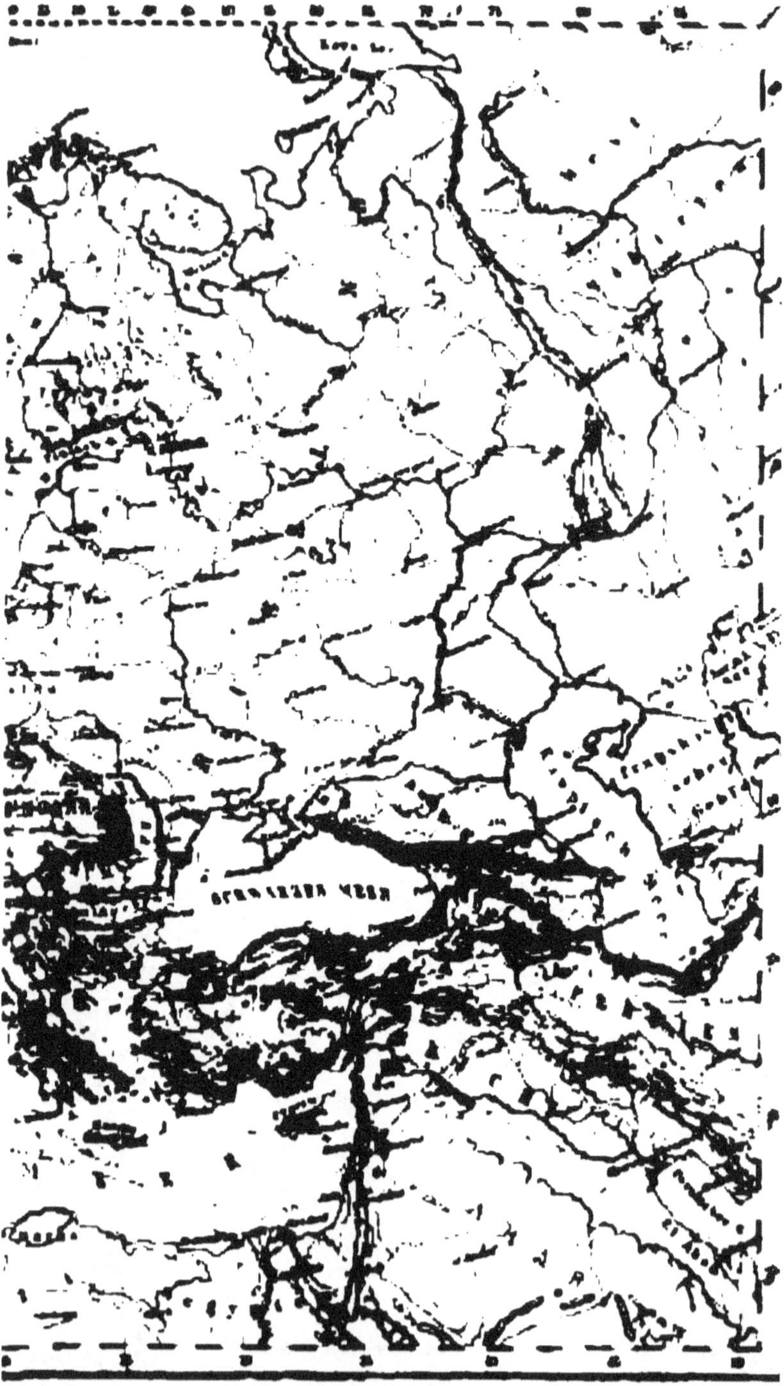

N O R D S E E

EUROPA

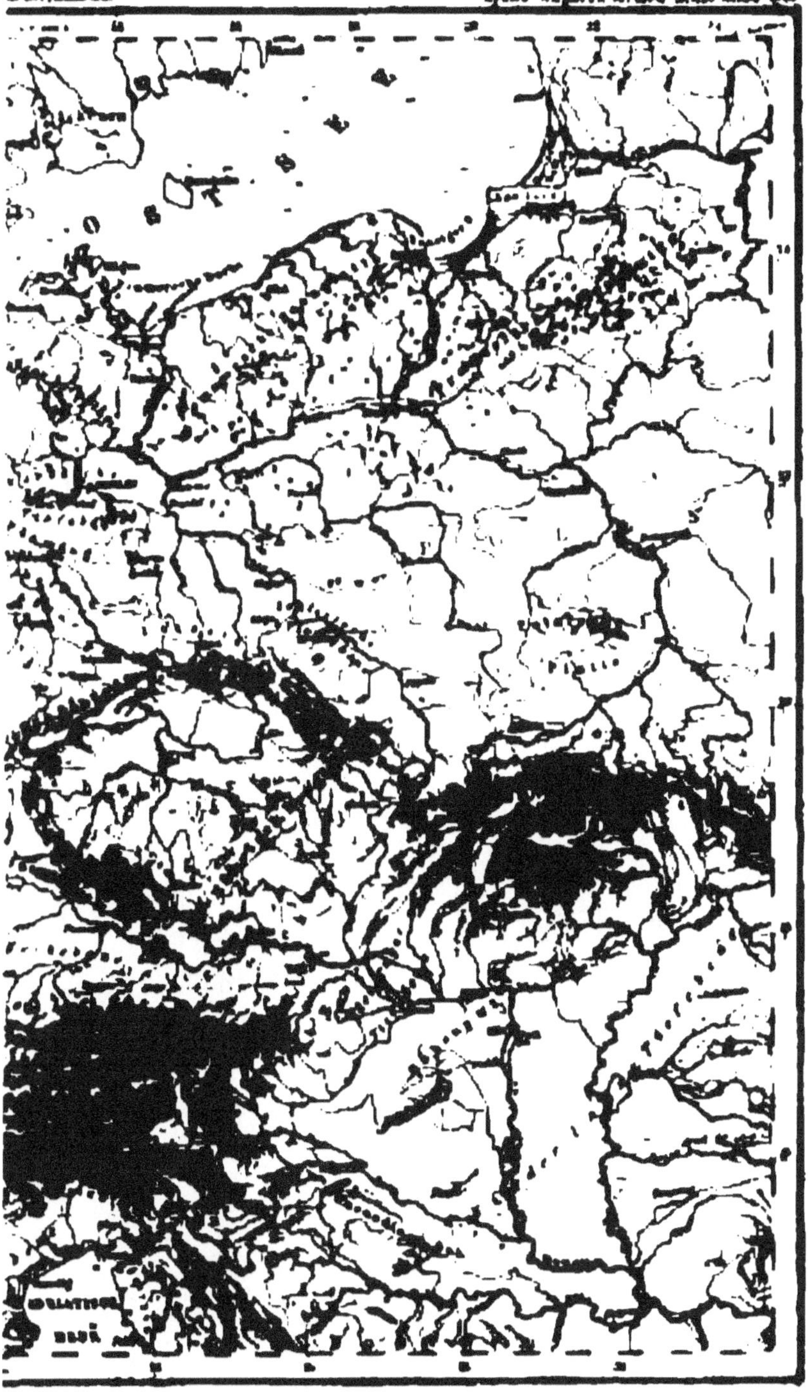

Gotha: Justus Perthes

MITTE

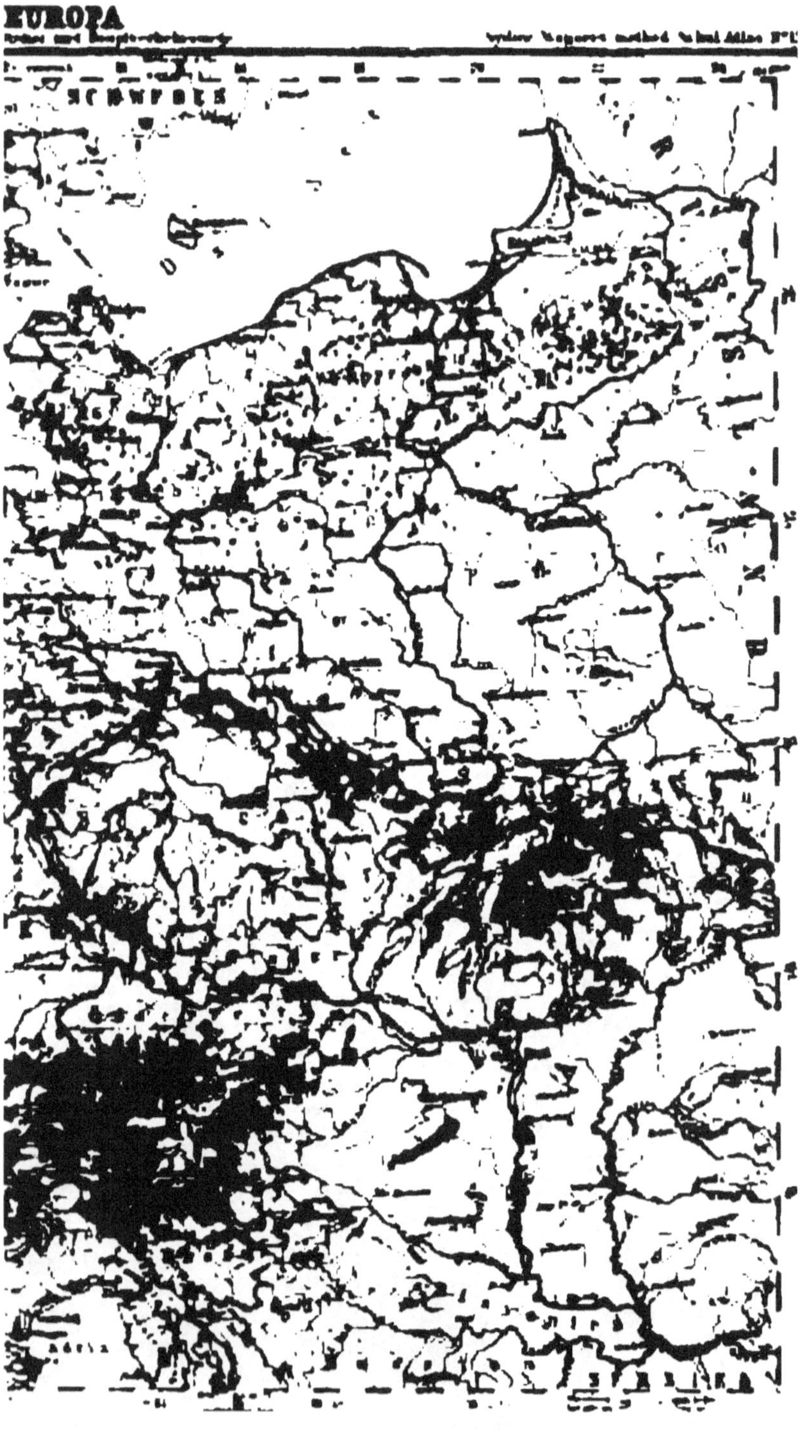
EUROPA

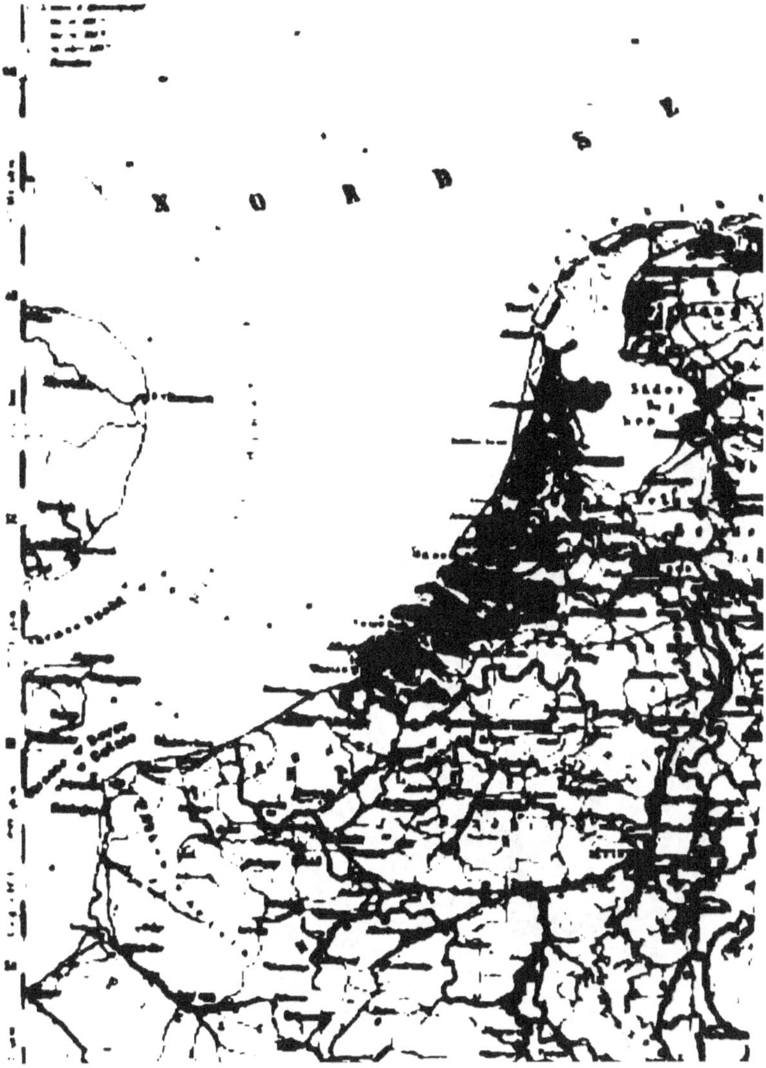

EUTSCHLAND

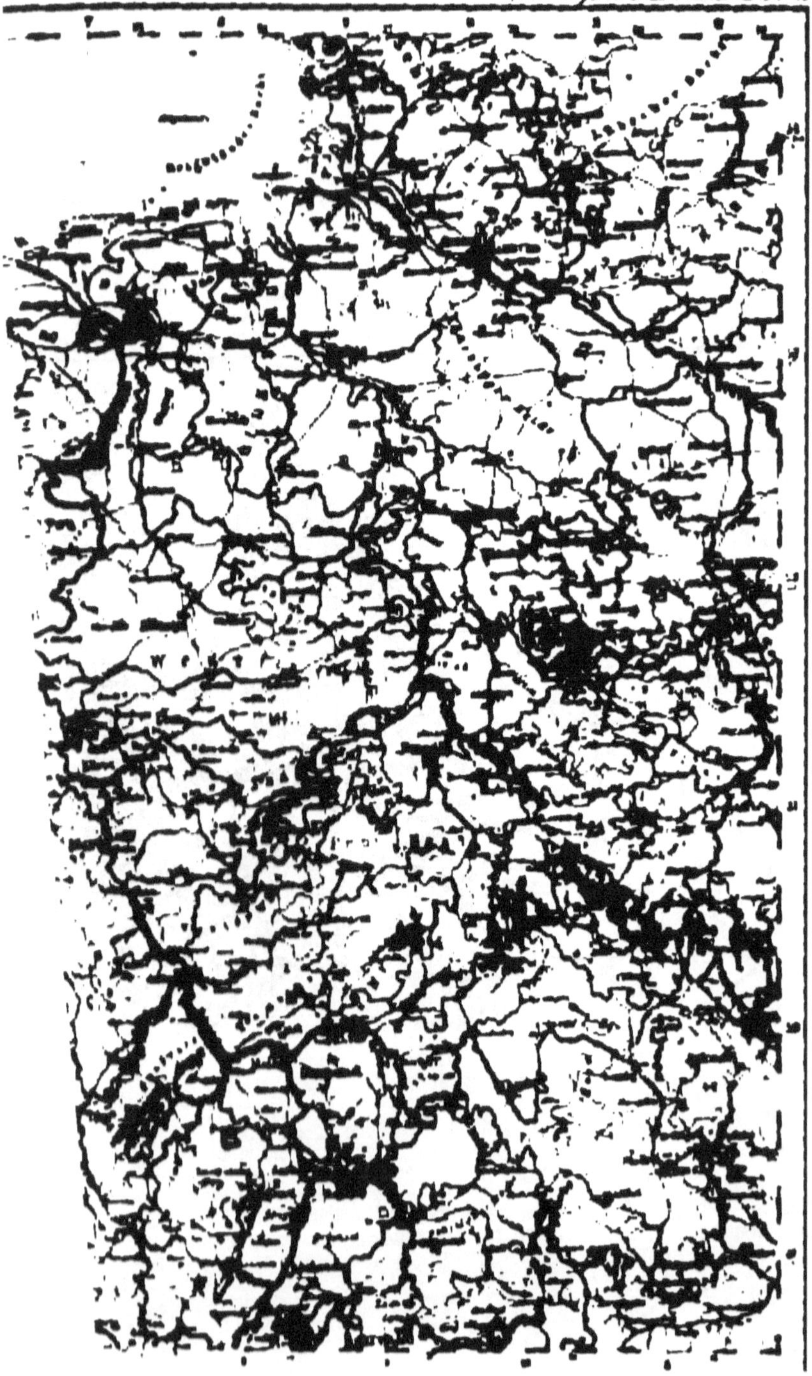

Gotha, Justus Perthes

MITTLERES NOR

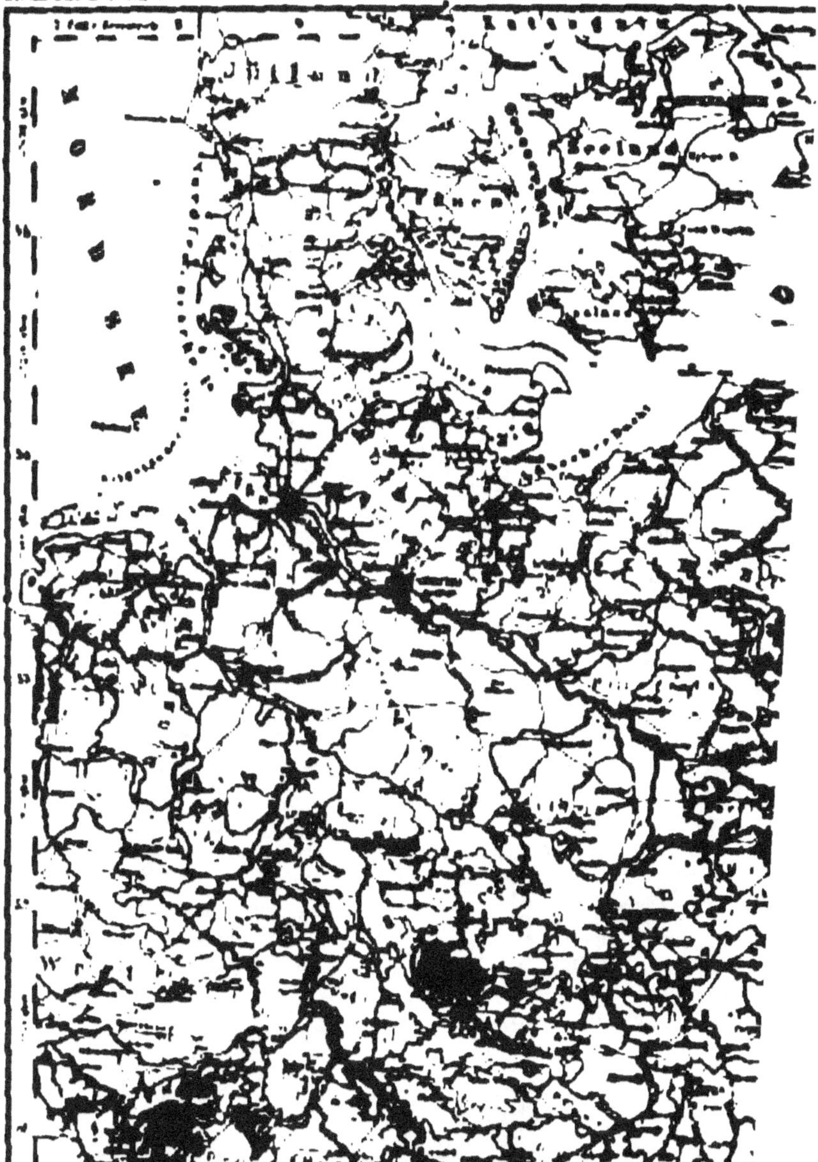

NORDOST-D

;UTSCHLAND

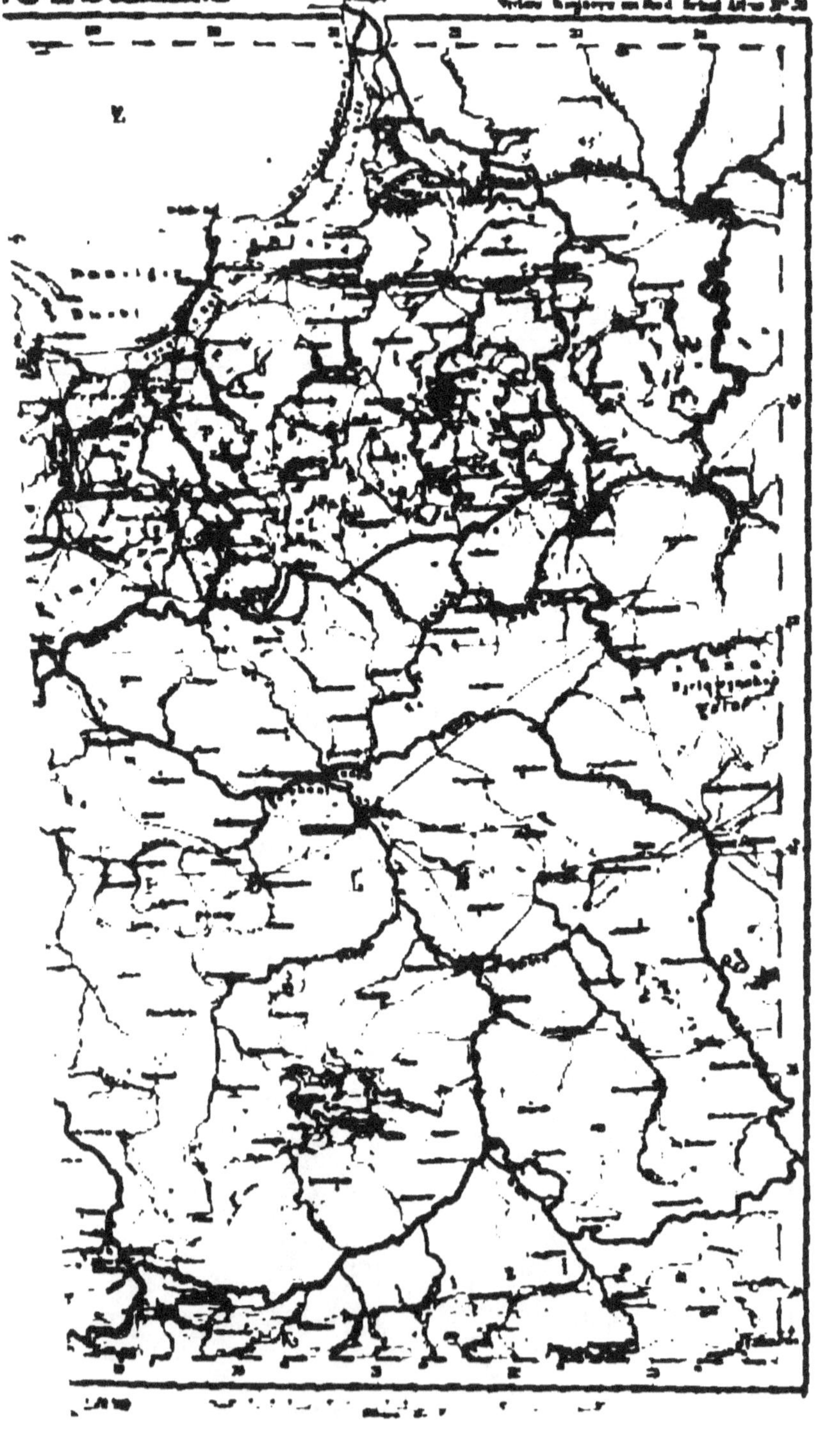

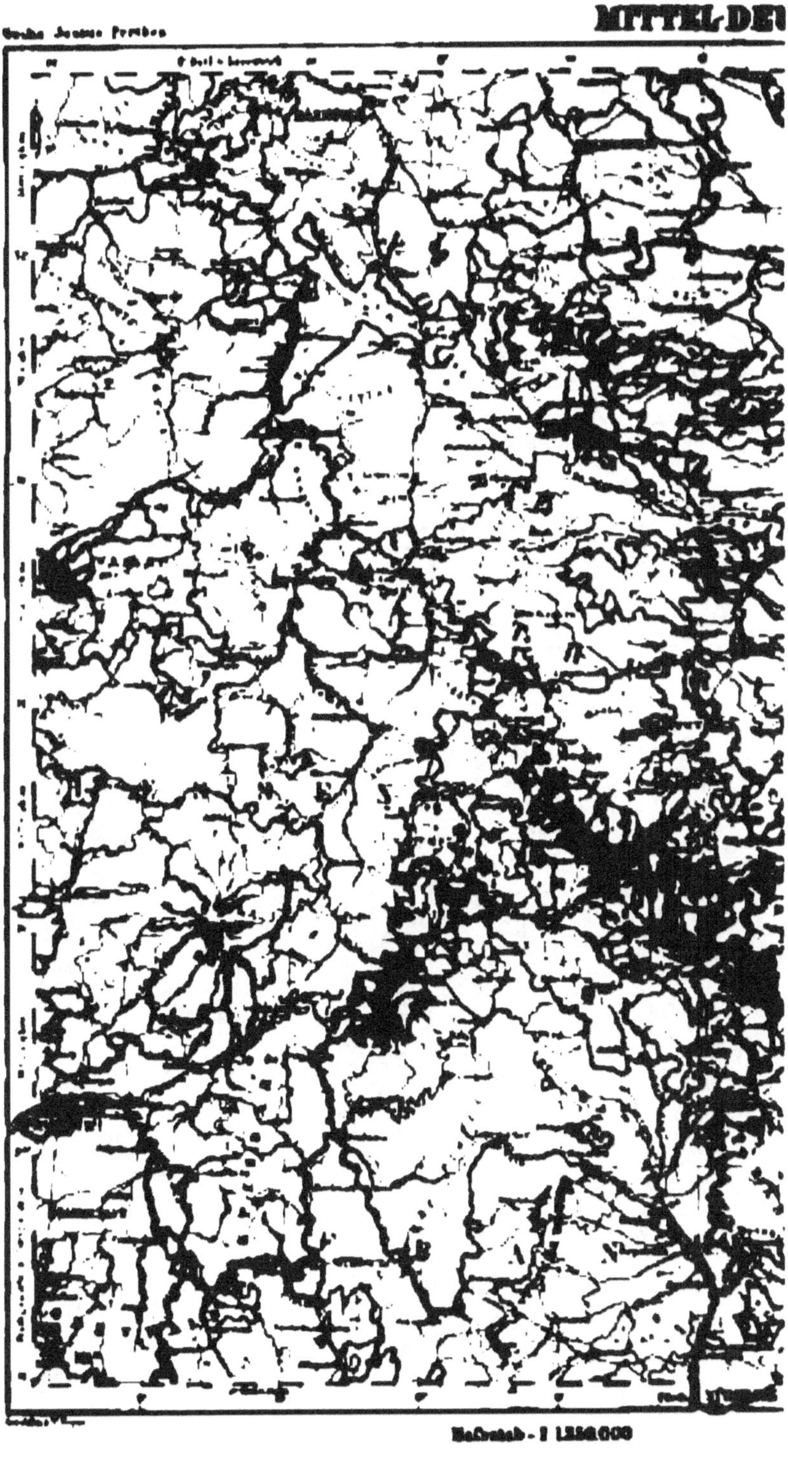
MITTEL DEU

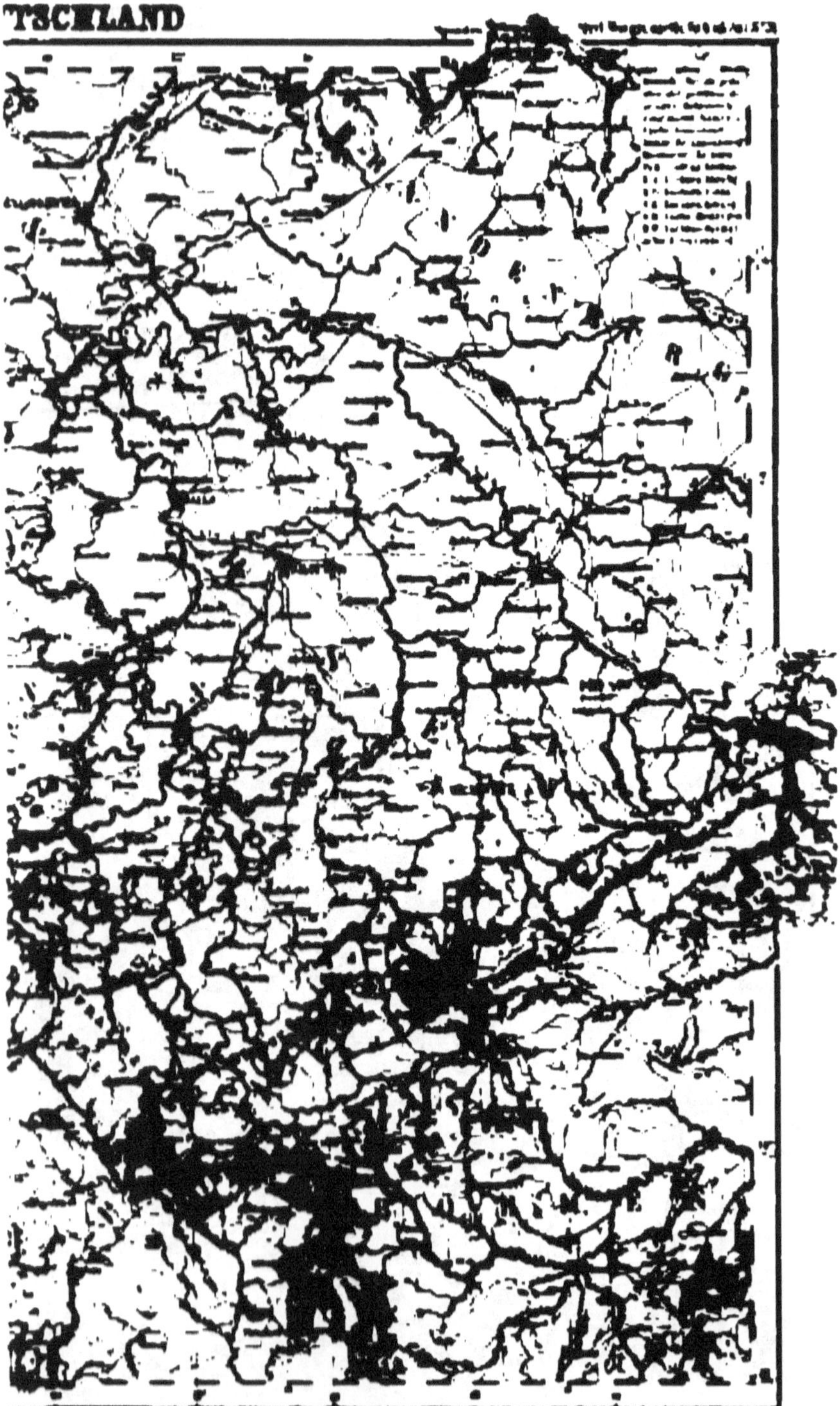
TSCHLAND

[illegible]

Gotha: Justus Perthes

SCH

Maßstab

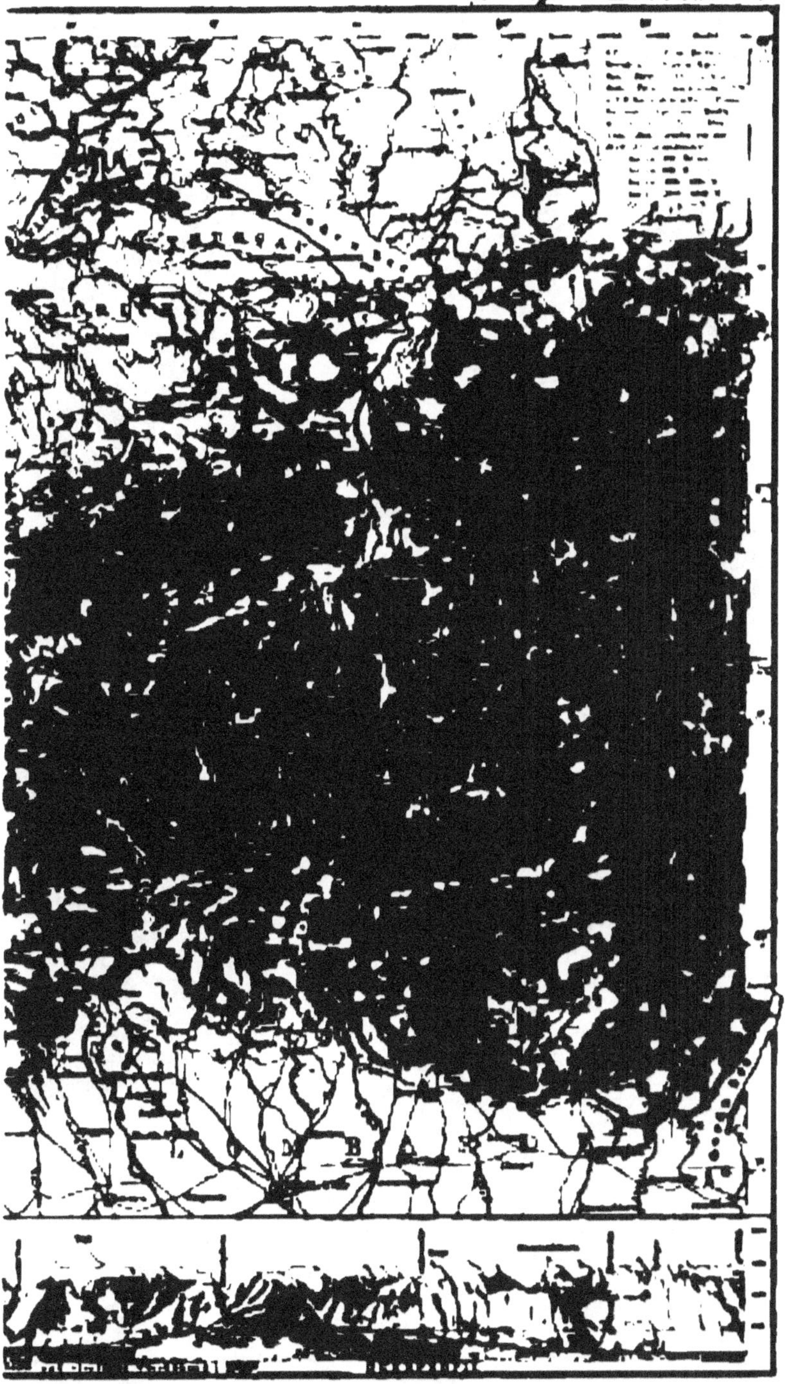

ULÄNDER

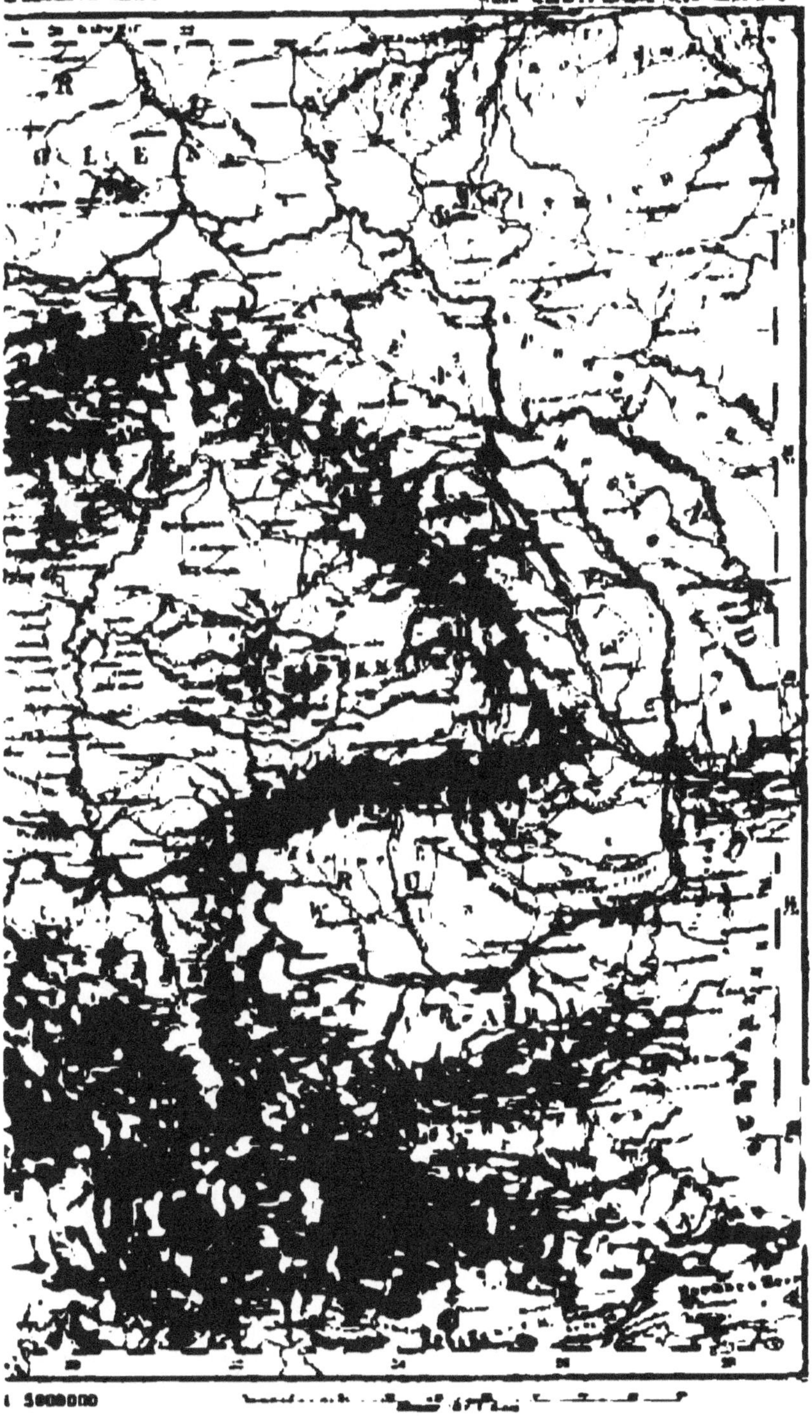

1 5000000

DIE BALKA
ADRIATISCHES MEER
IONISCHES
MEER

HALBINSEL

ITA

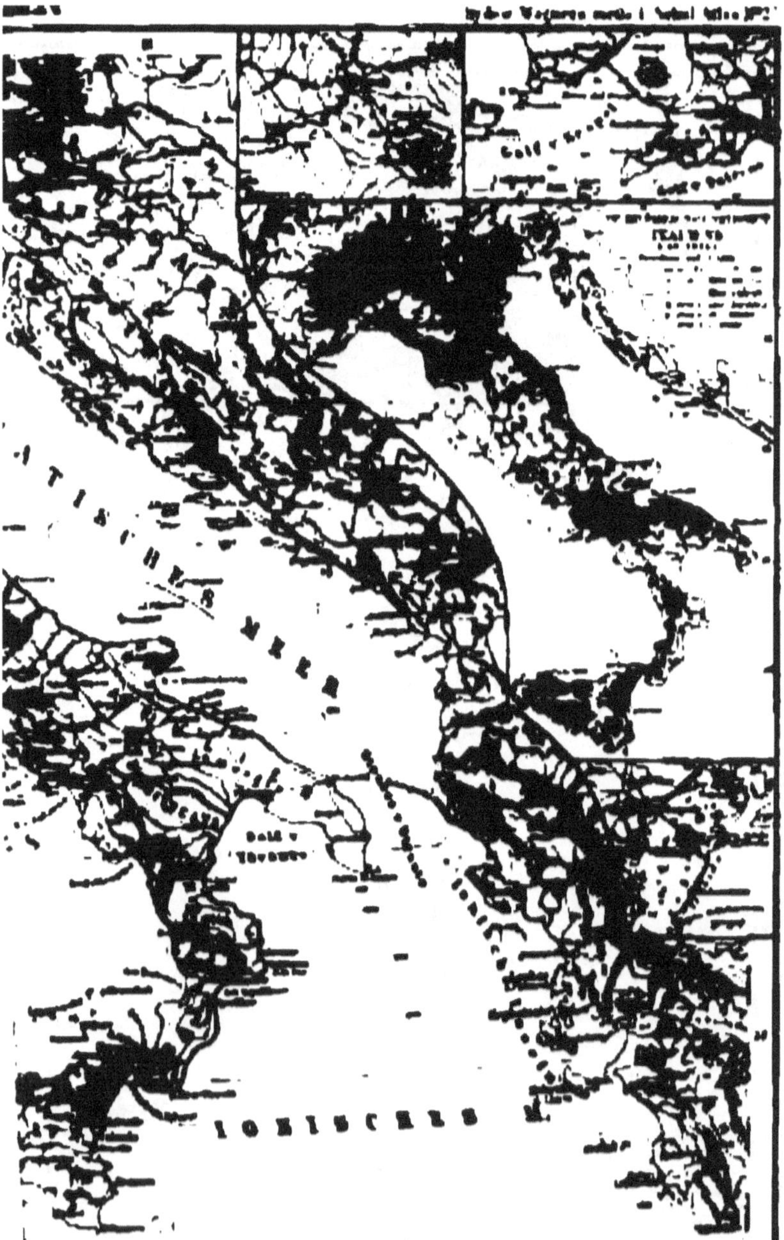
MEER
IONISCHES

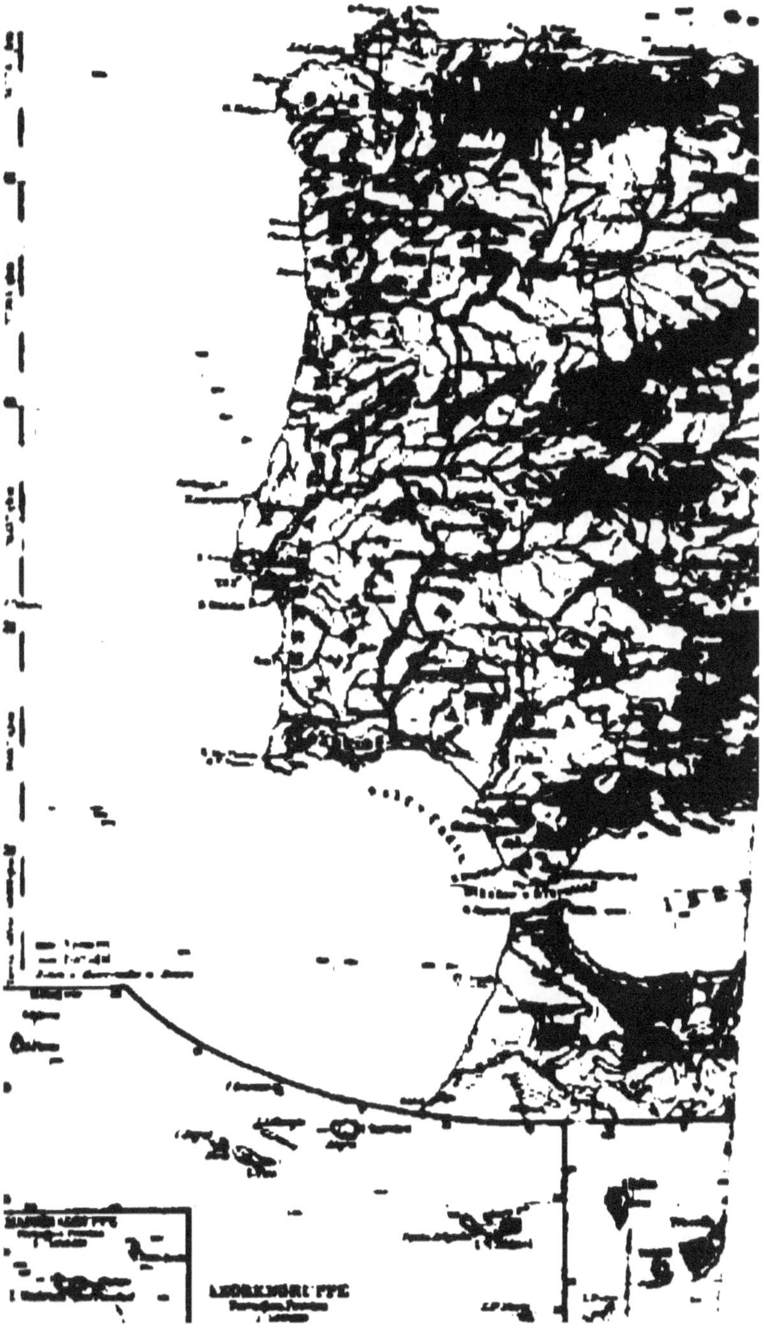

HALBINSEL

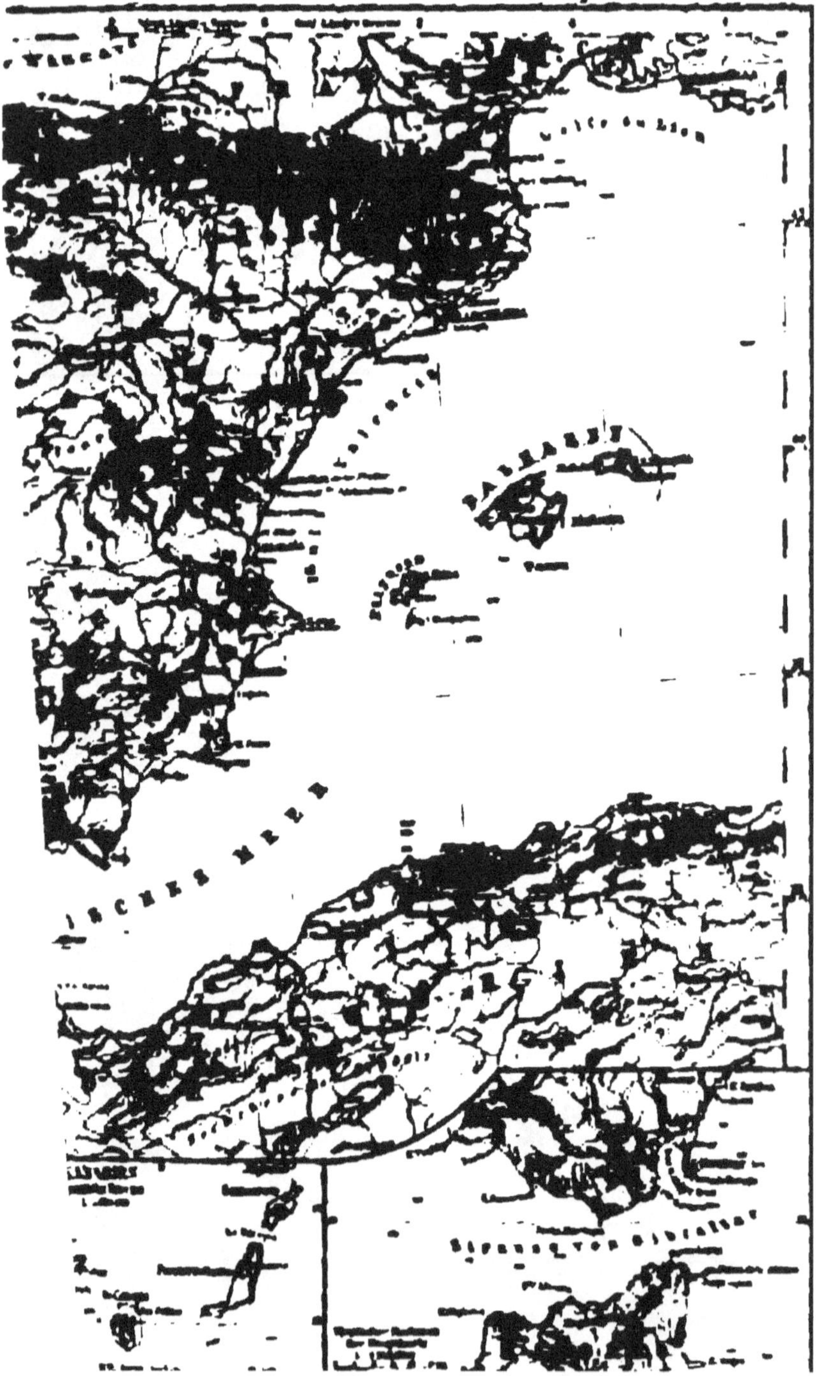

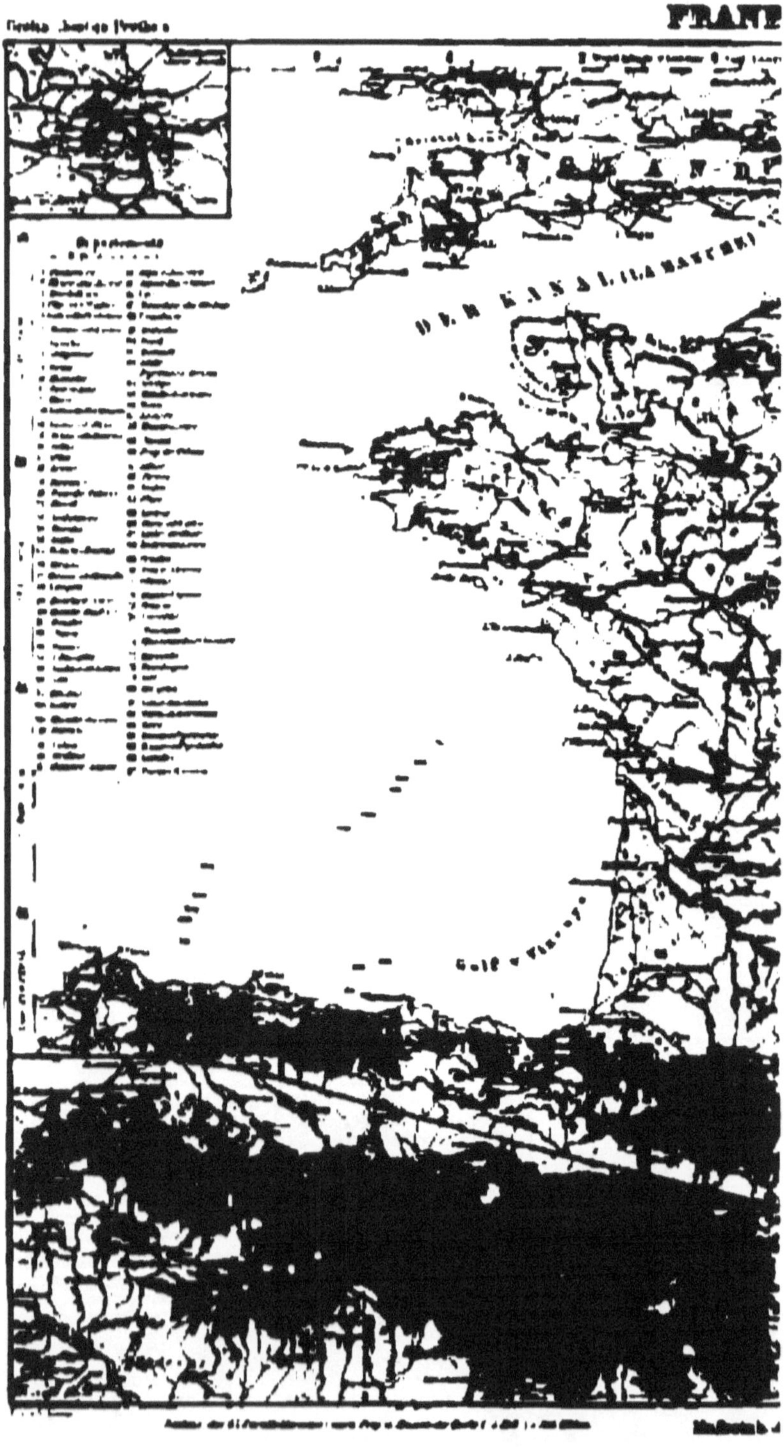
DER KANAL (LA MANCHE)

DIE NOR
IRISCHE SEE
DER KANAL

SEELÄNDER

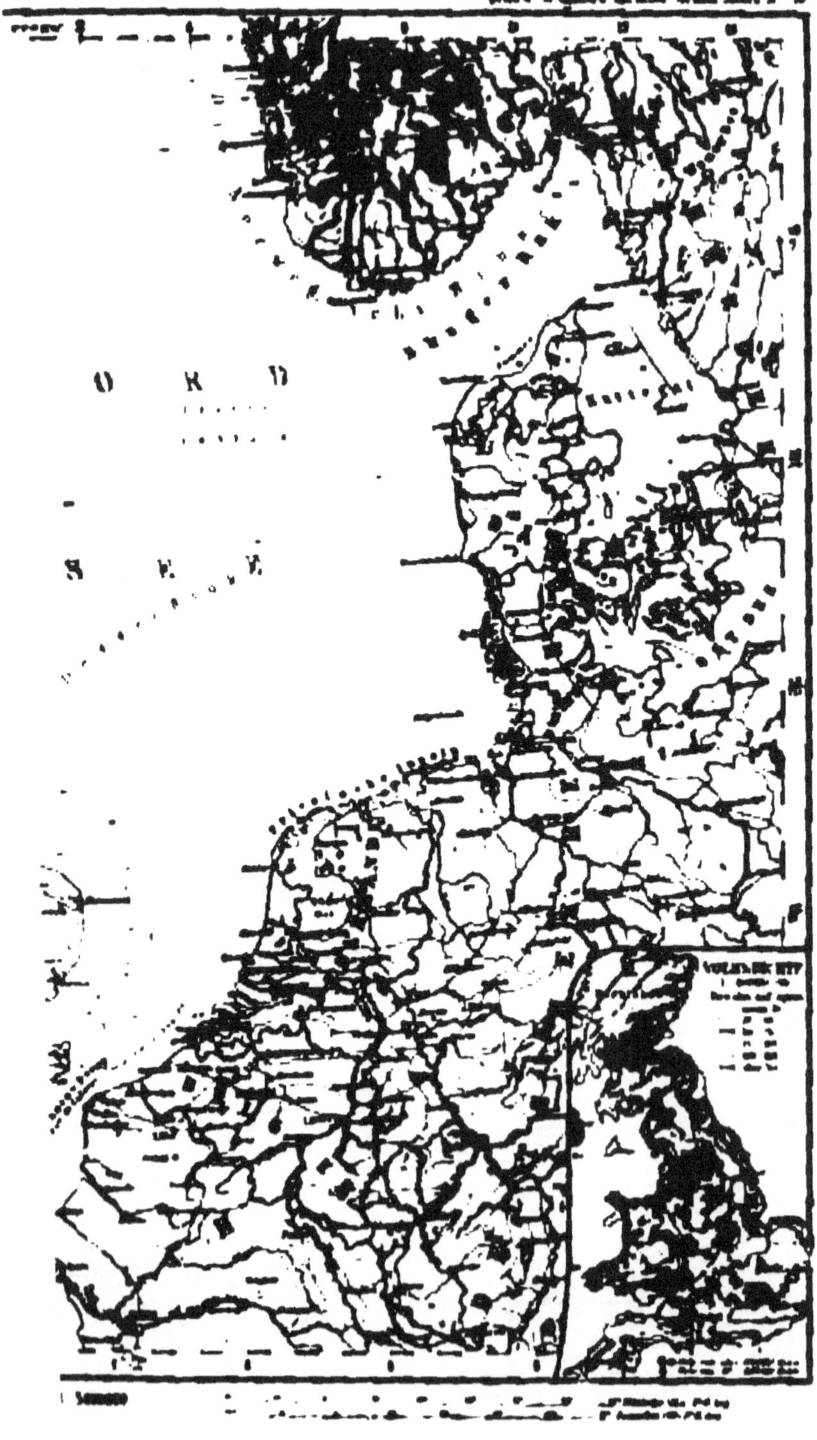

DIE OSTSEELÄNDER

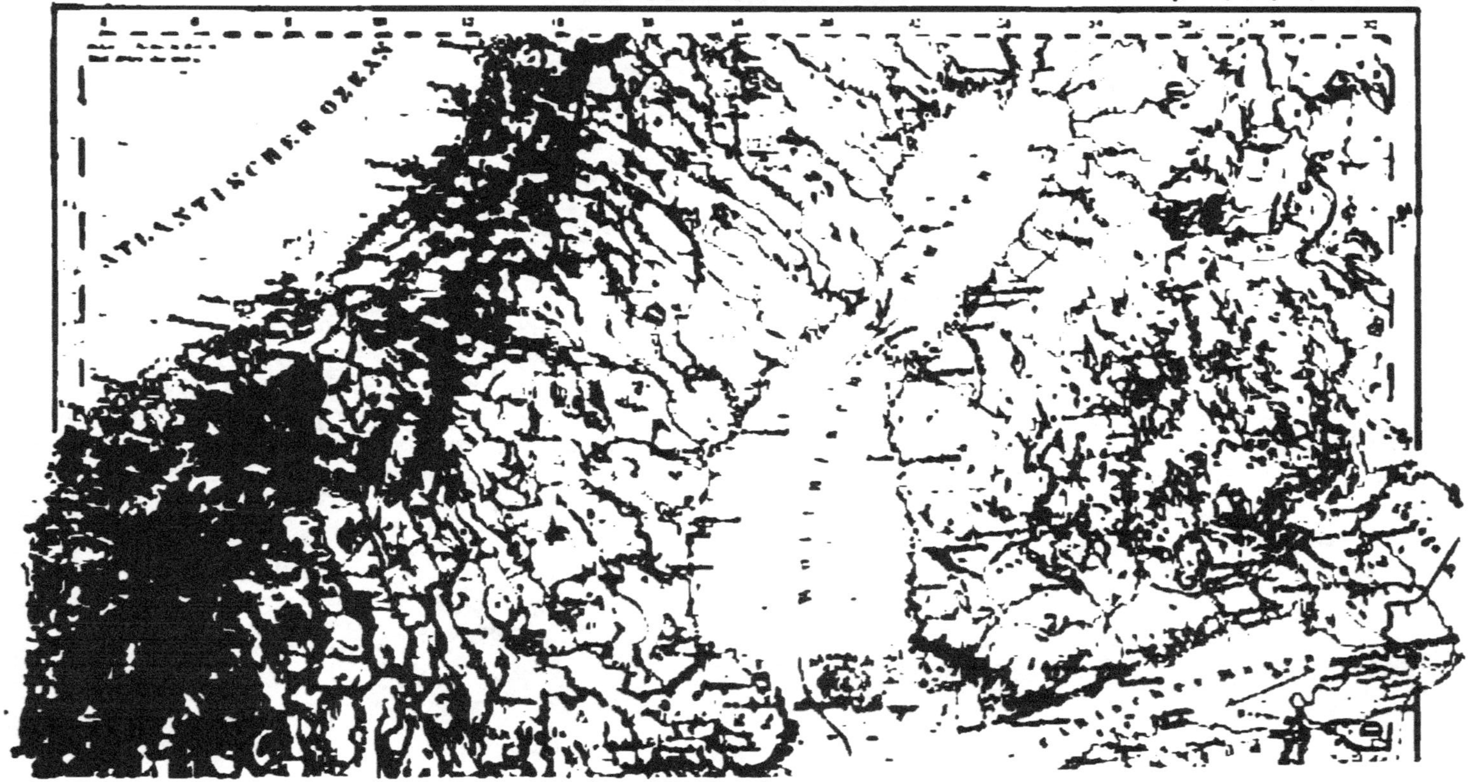

OST EUROPA

Gotha Justus Perthes

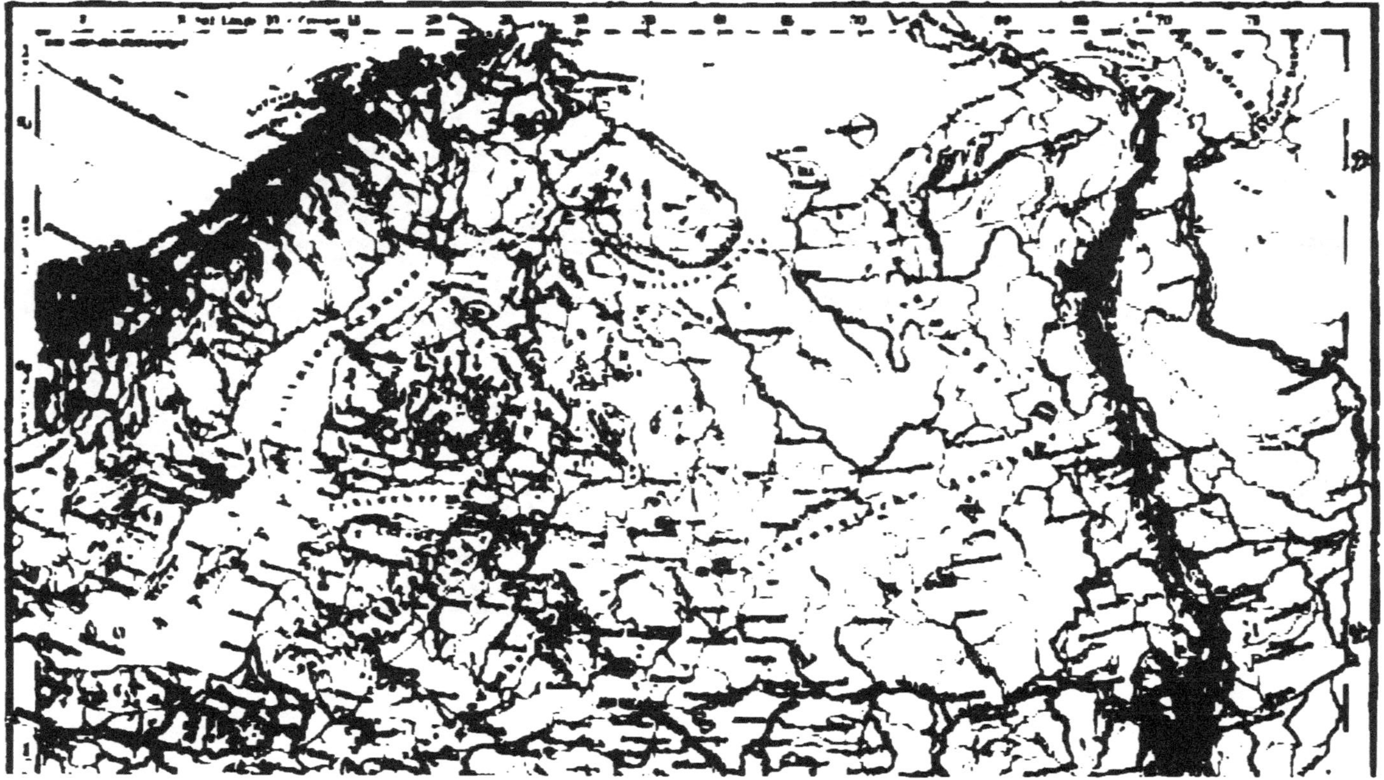

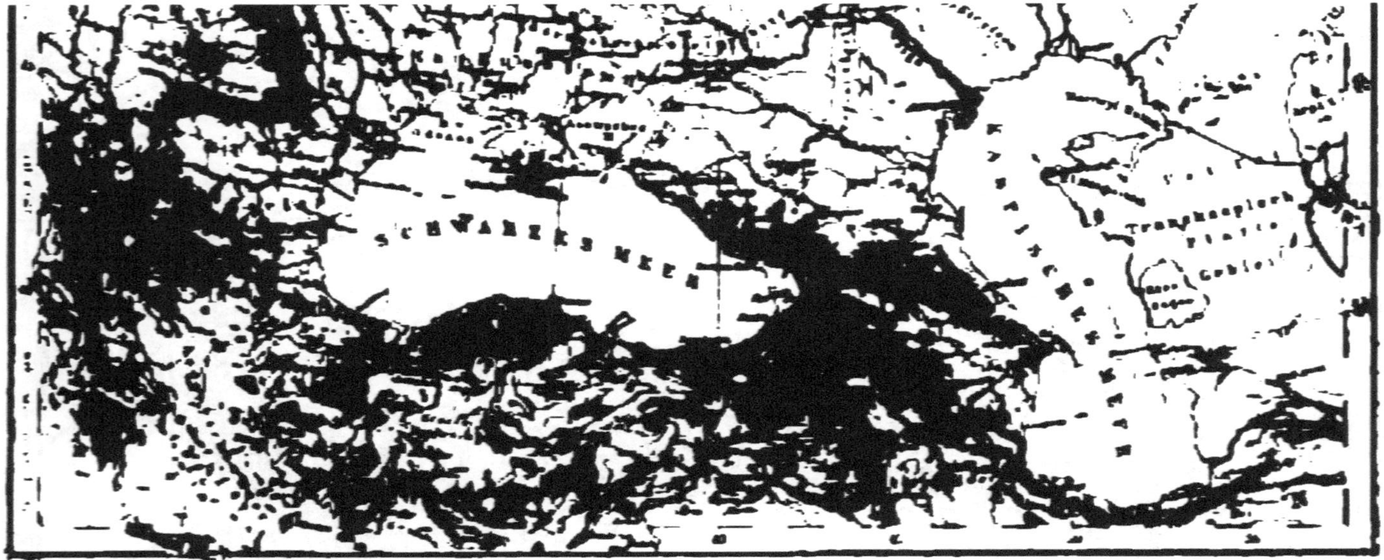
SCHWARZES MEER
KASPISCHES MEER

Gotha: Justus Perthes

NORDPOL

ARKARTE

Gotha, Justus Perthes

ATLANTISC

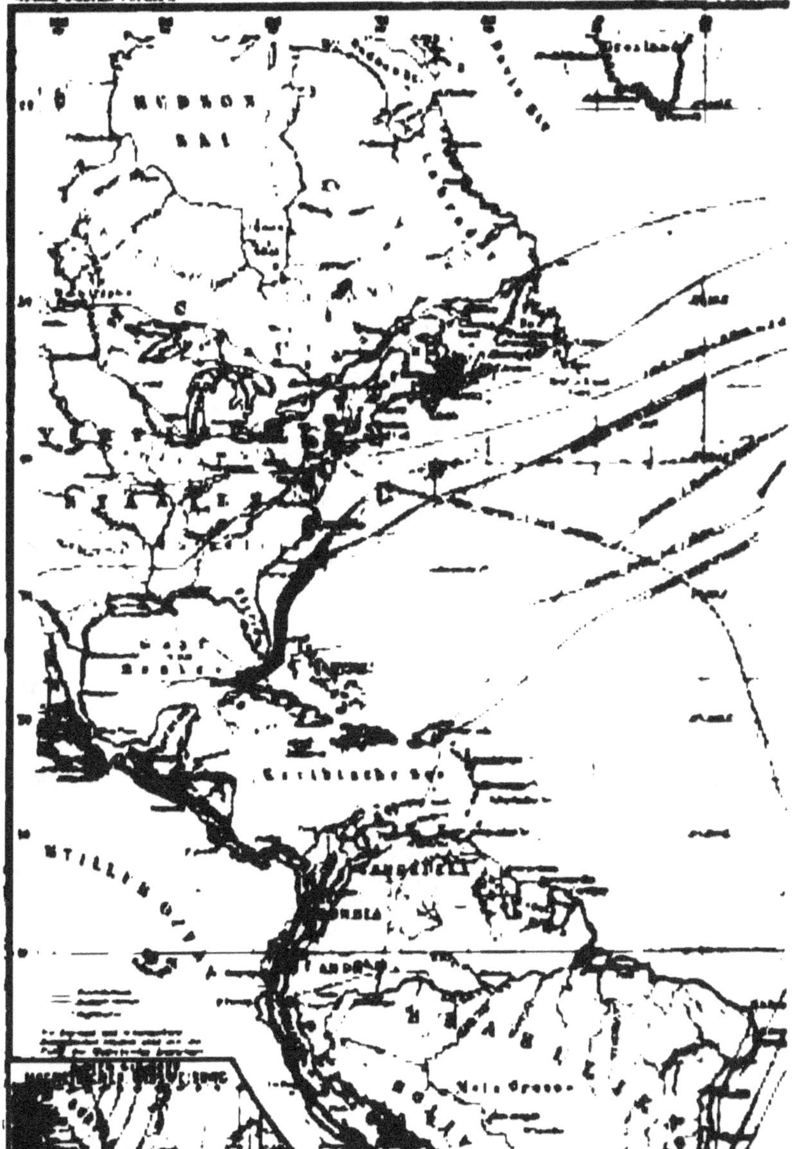

HER OZEAN

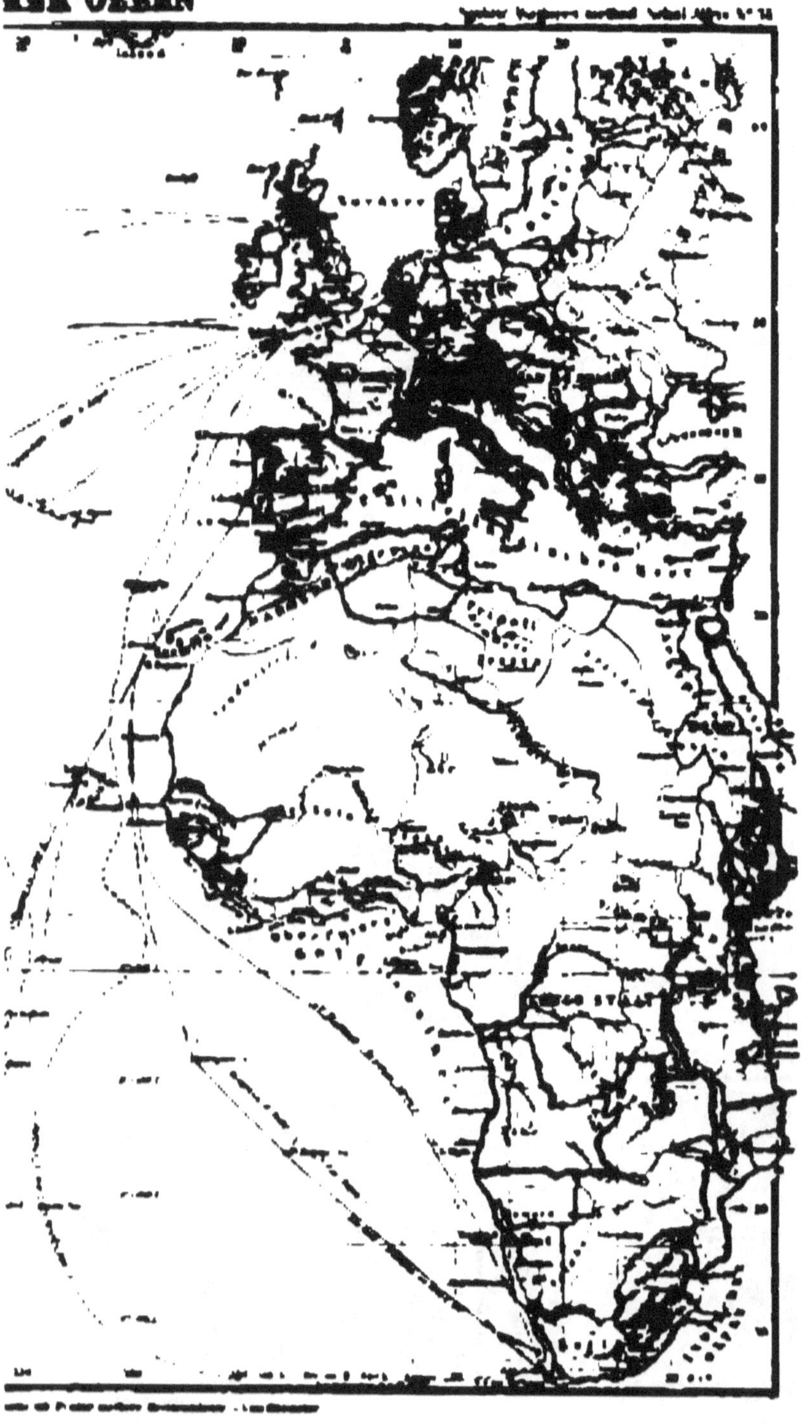

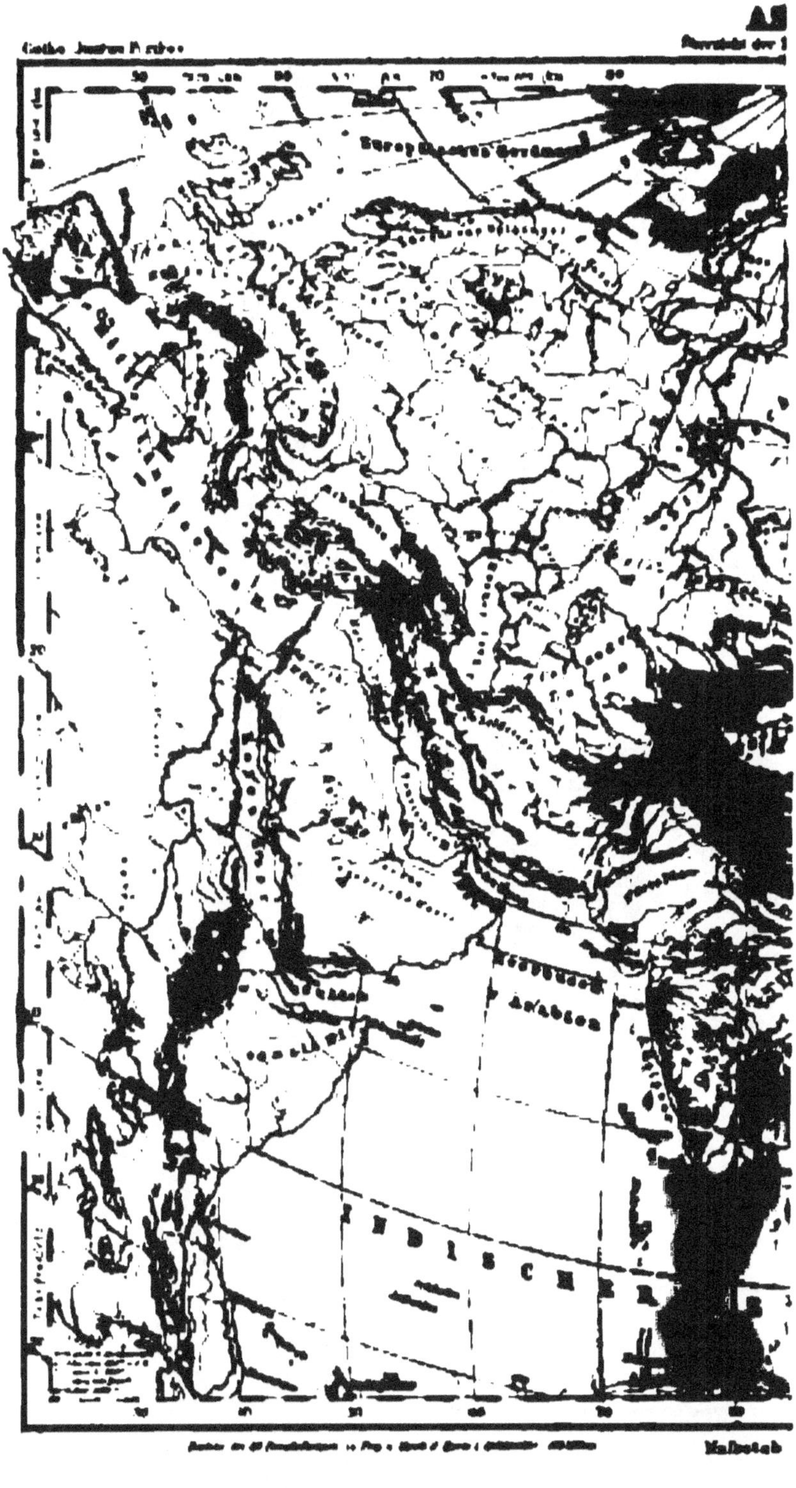
I N D I S C H E R

EN

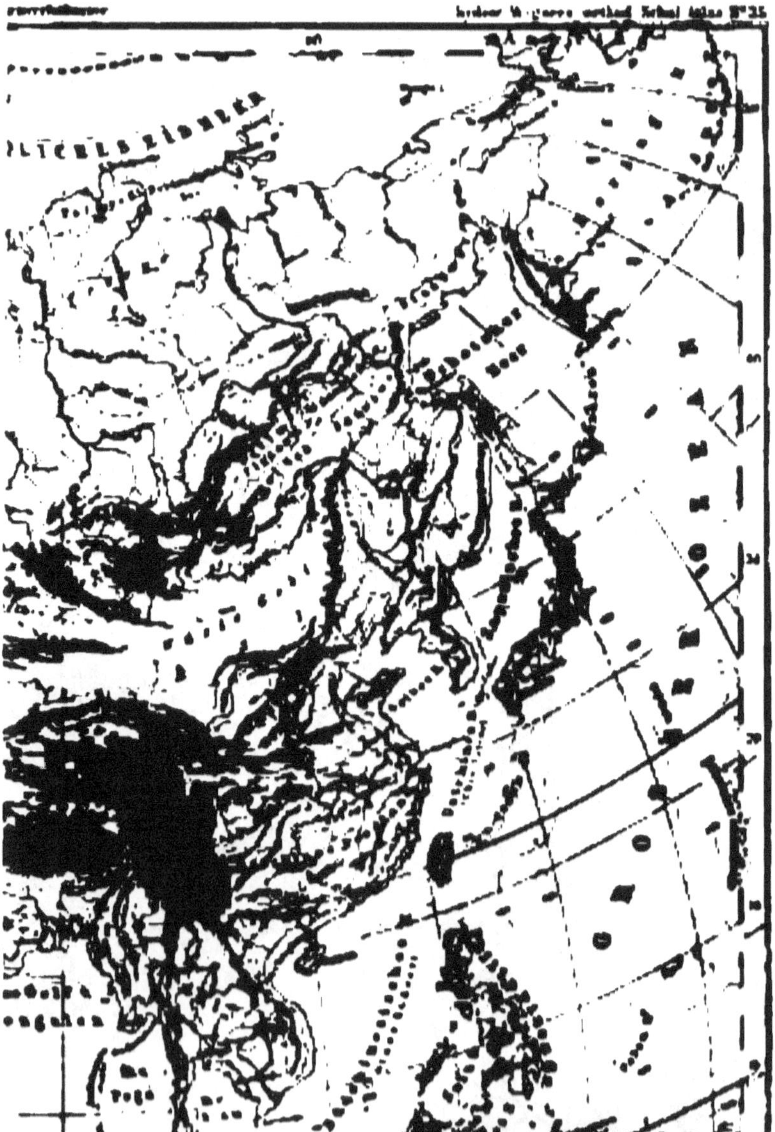

Arabischer
Busen
INDISCHER

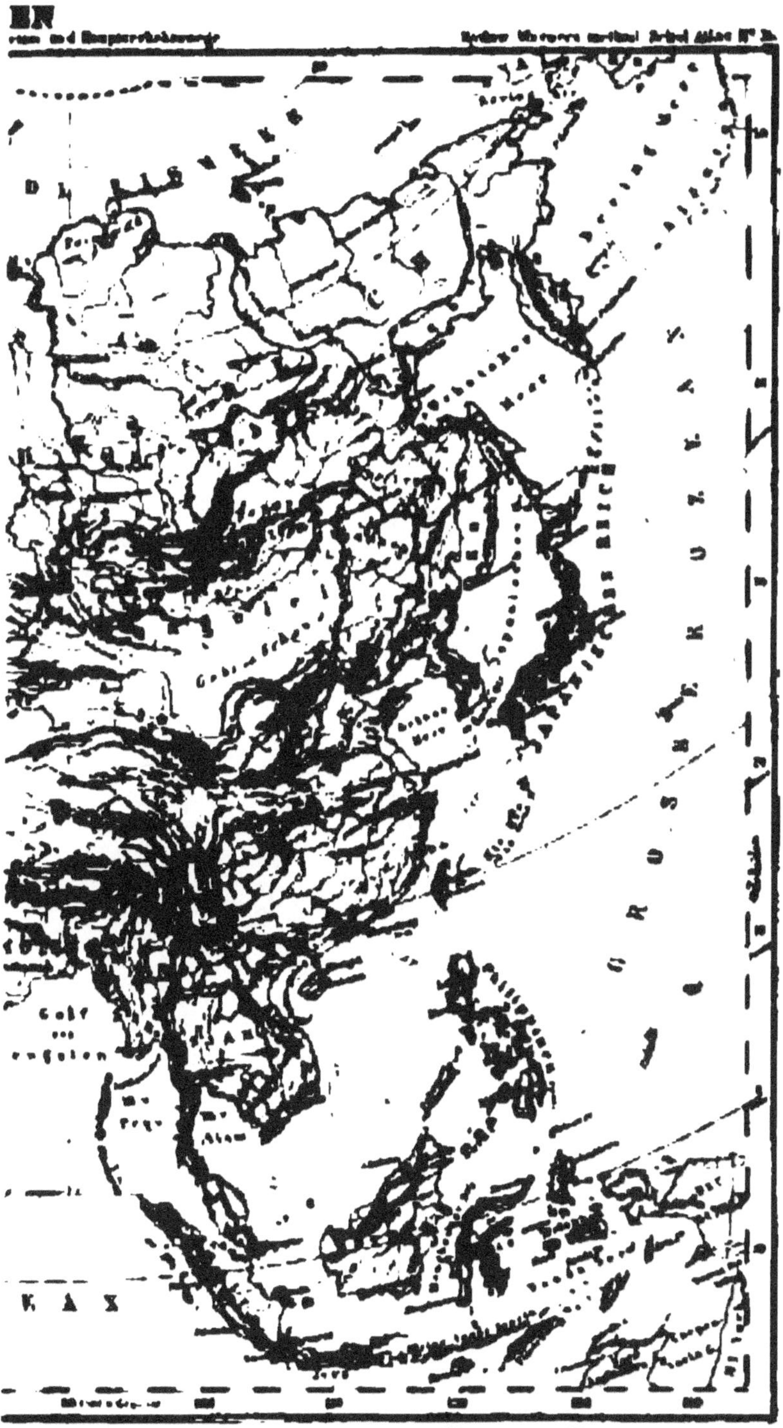

VORDE

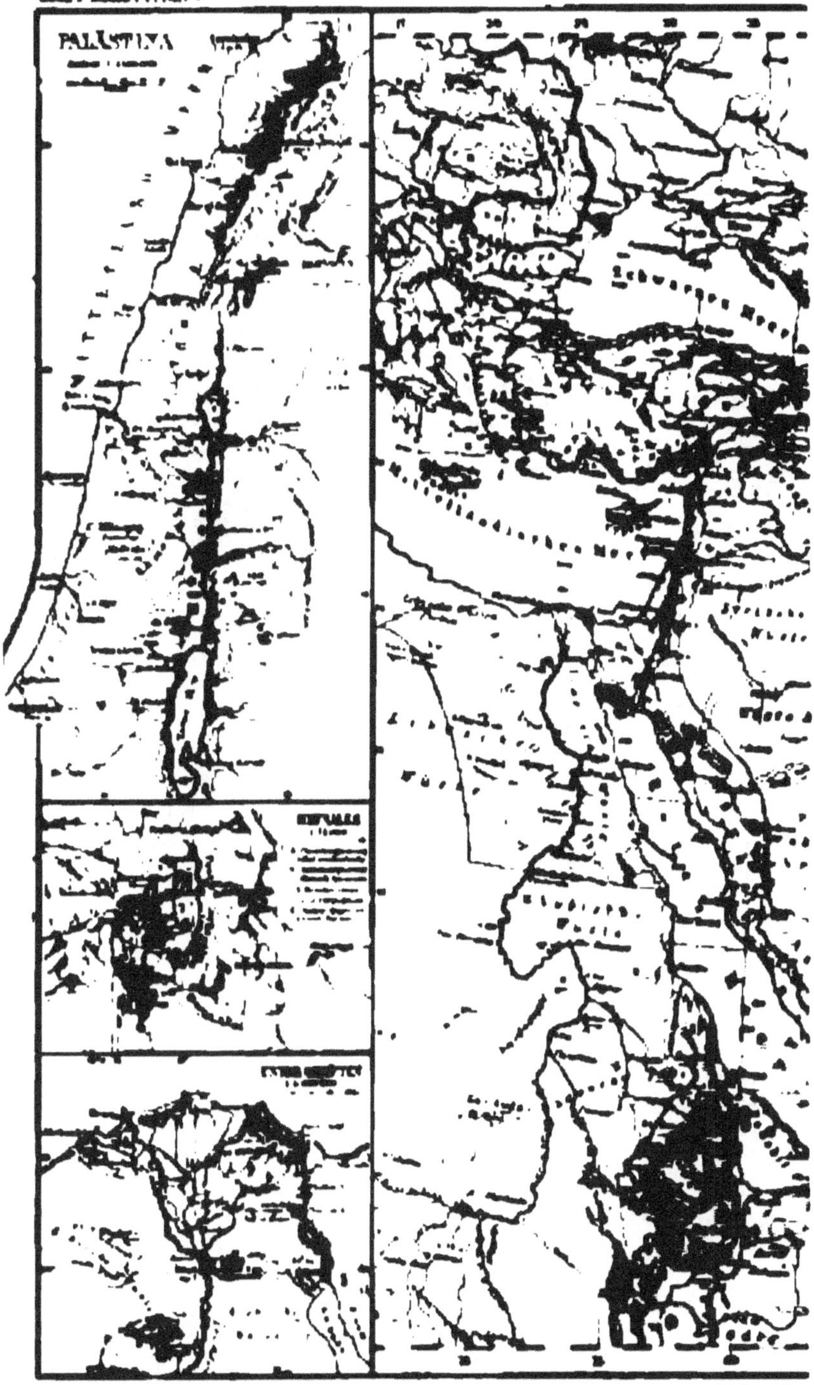

RASIEN

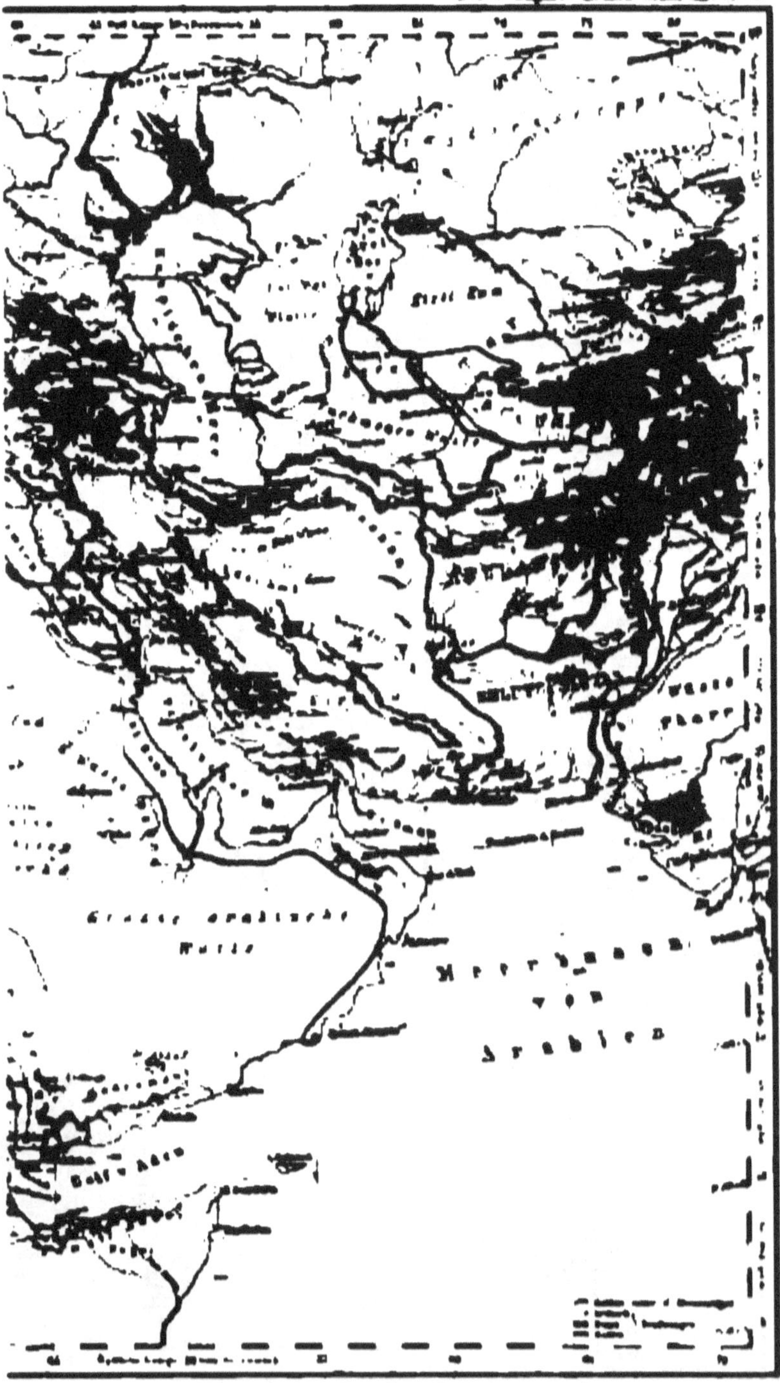

Grosse arabische
Wüste
Meerbusen
von
Arabien

MITTELASIEN.

Gotha: Justus Perthes.

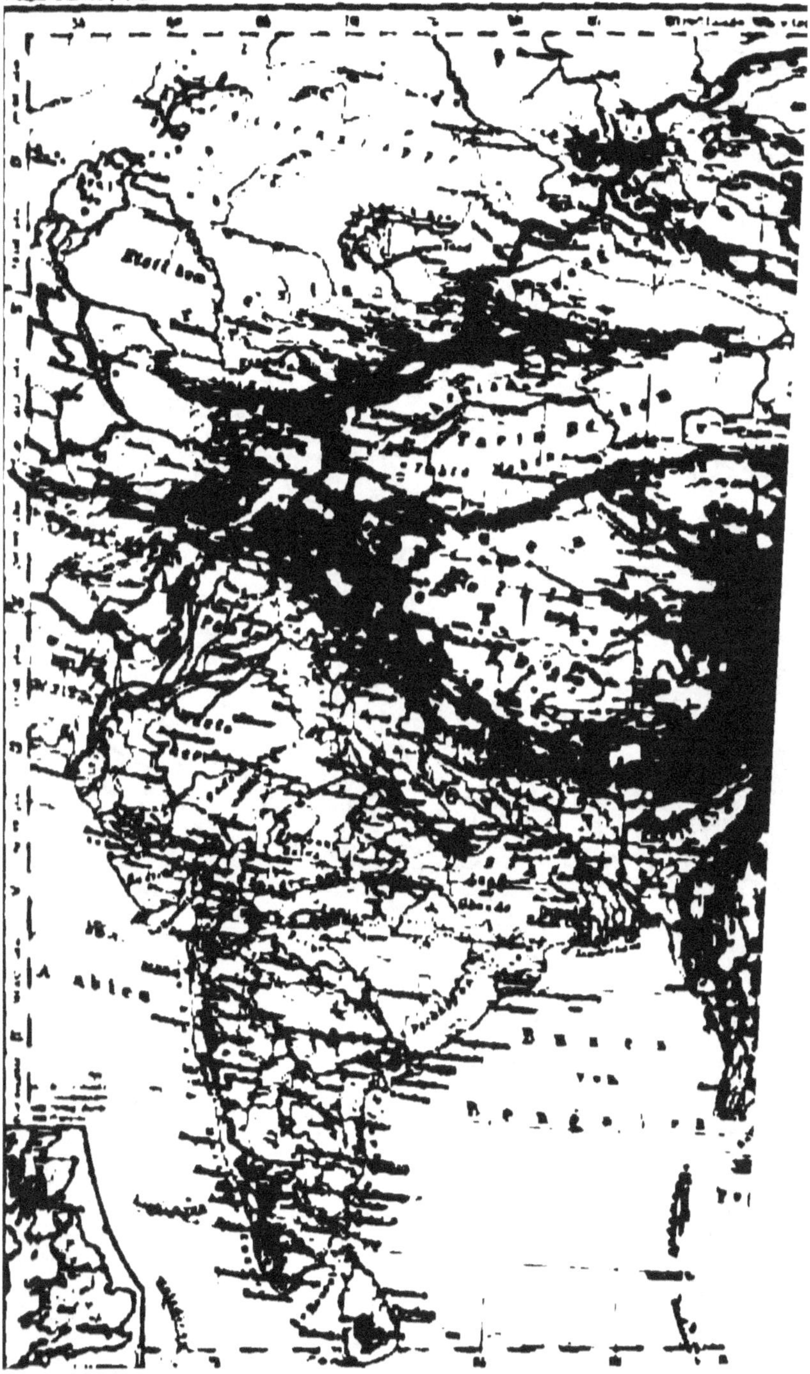

NDIEN, CHINA

ASIATISCHE INSELWELT
Gelbes Meer
JAPANISCHES MEER
OSTCHINESISCHES MEER

SÜDCHINES. MEER
CELEBES SEE
JAVA SEE
JAVA
BANDA SEE
ARAFURA SEE
FLORES

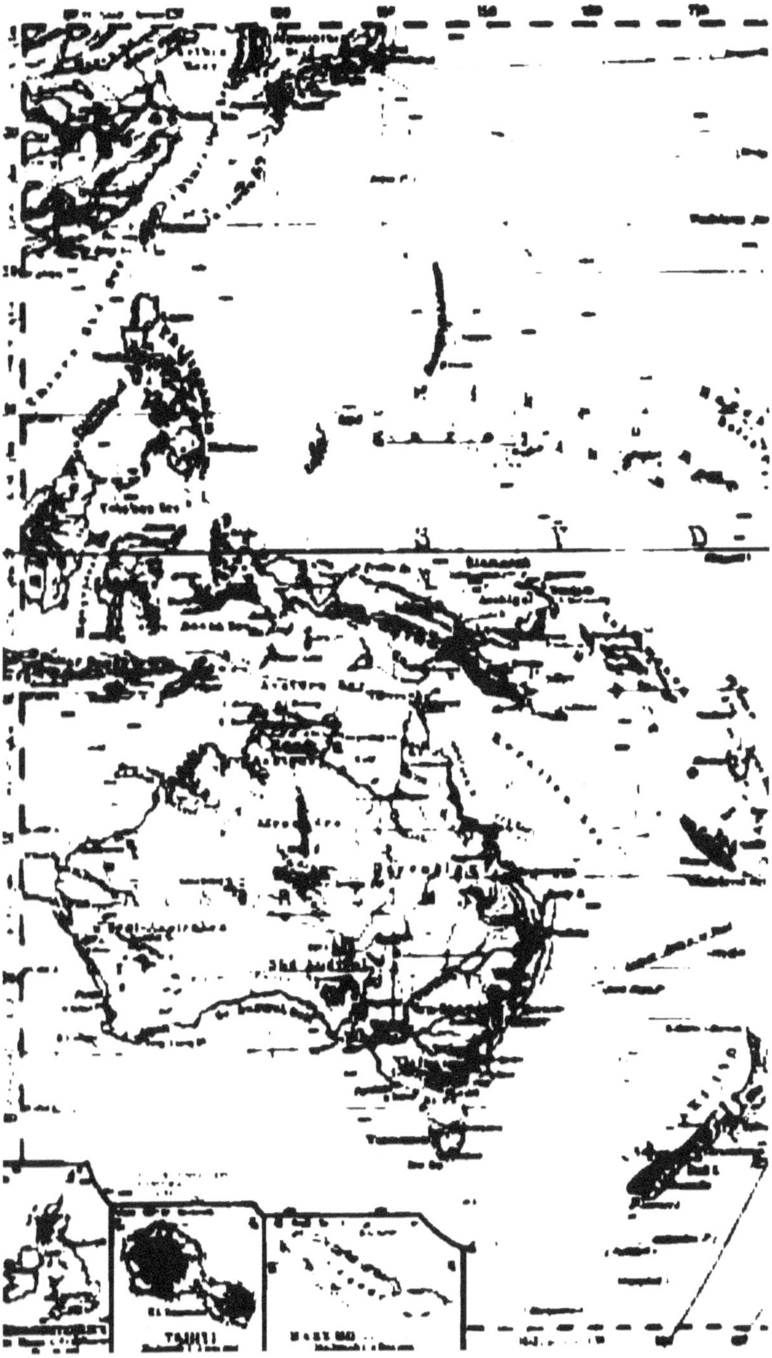

UND POLYNESIEN.

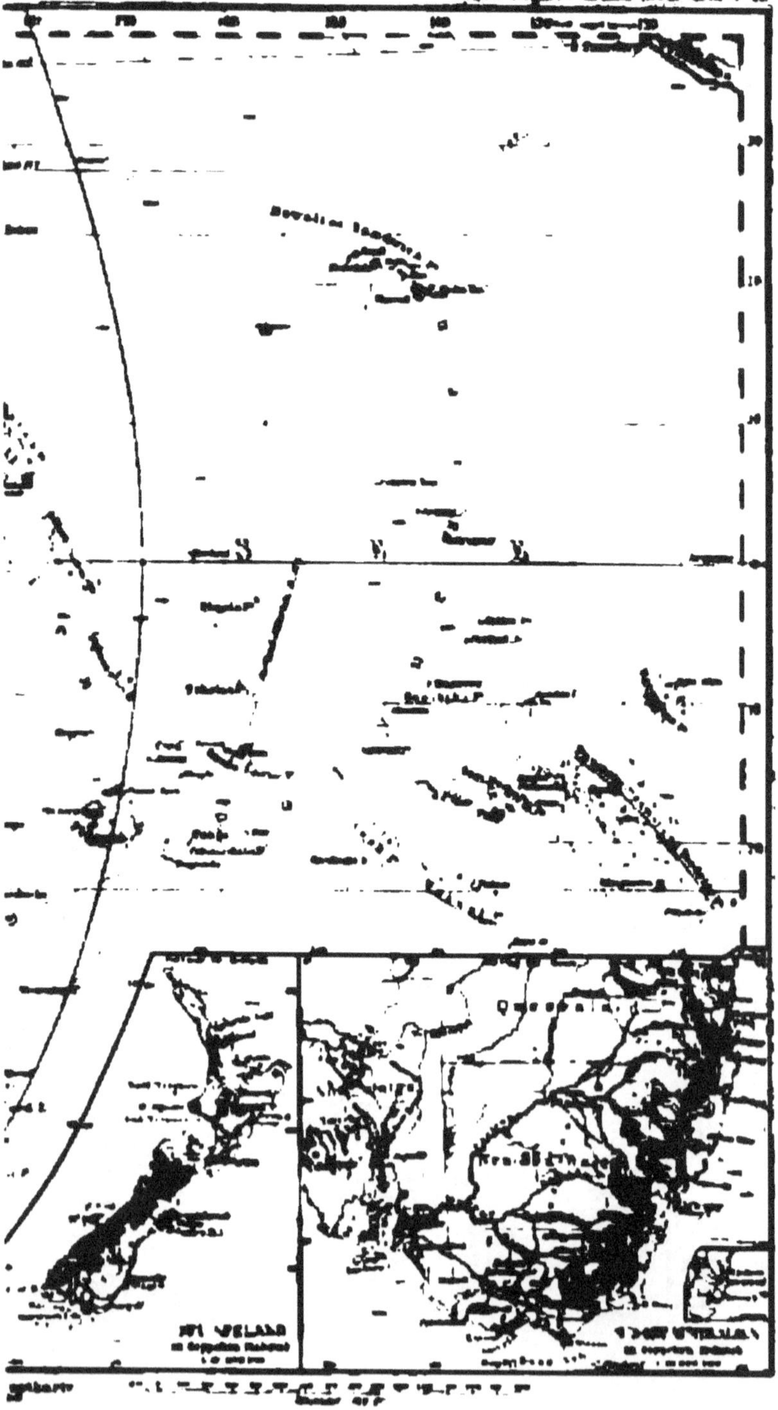

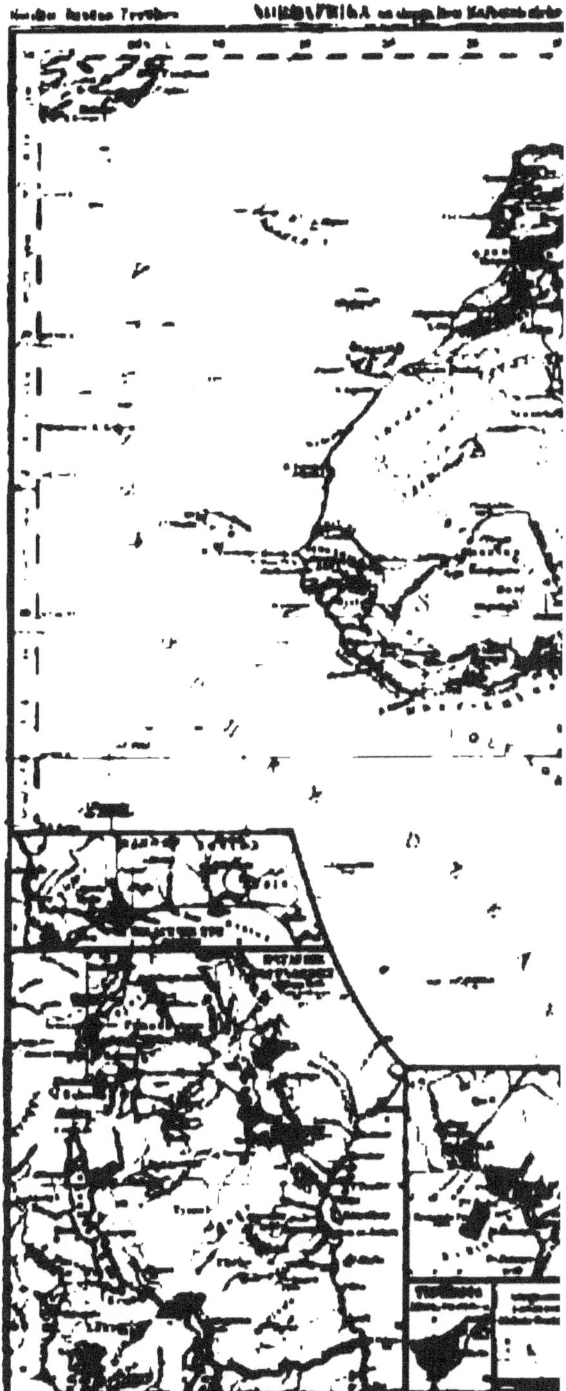

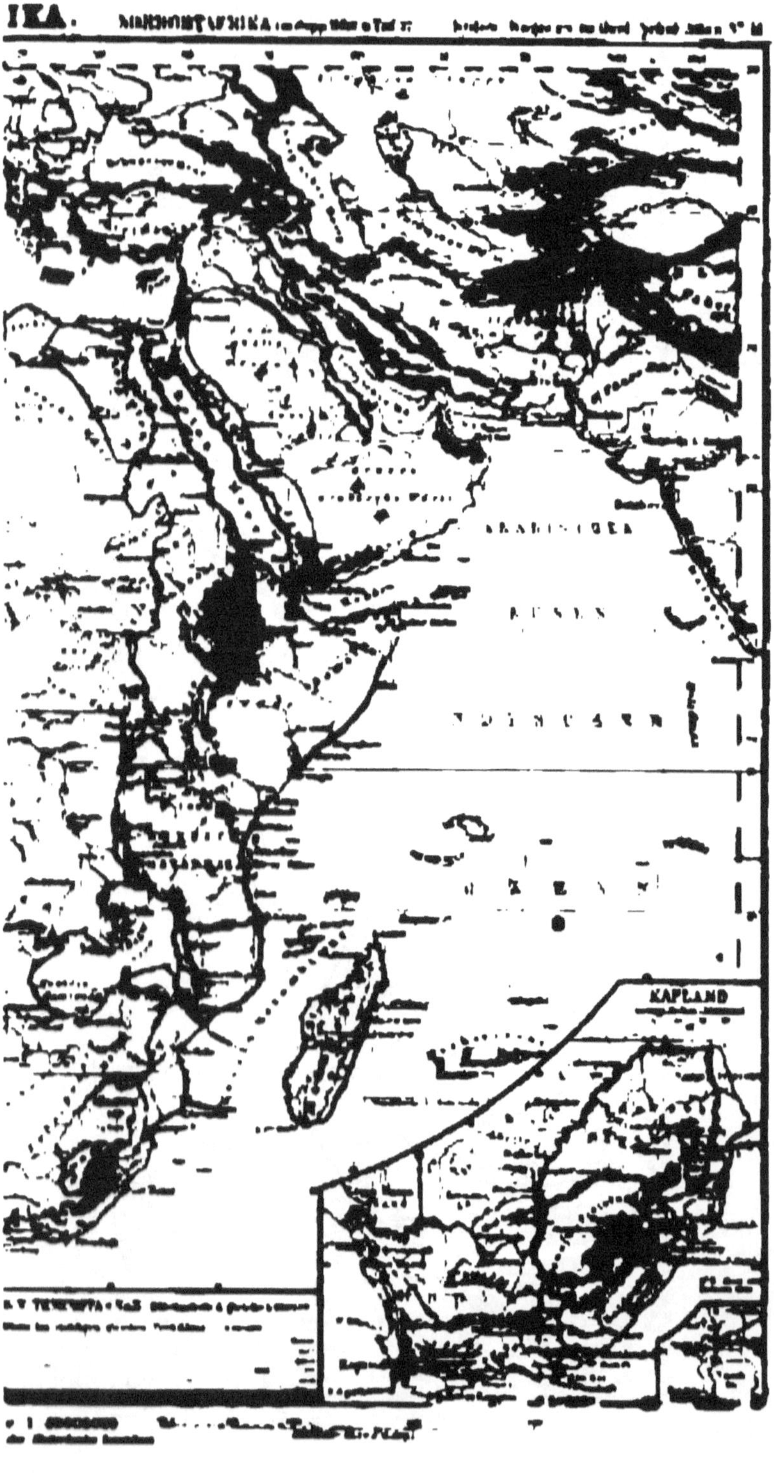
IKA.
KAPLAND

Gotha: Justus Perthes

SÜD

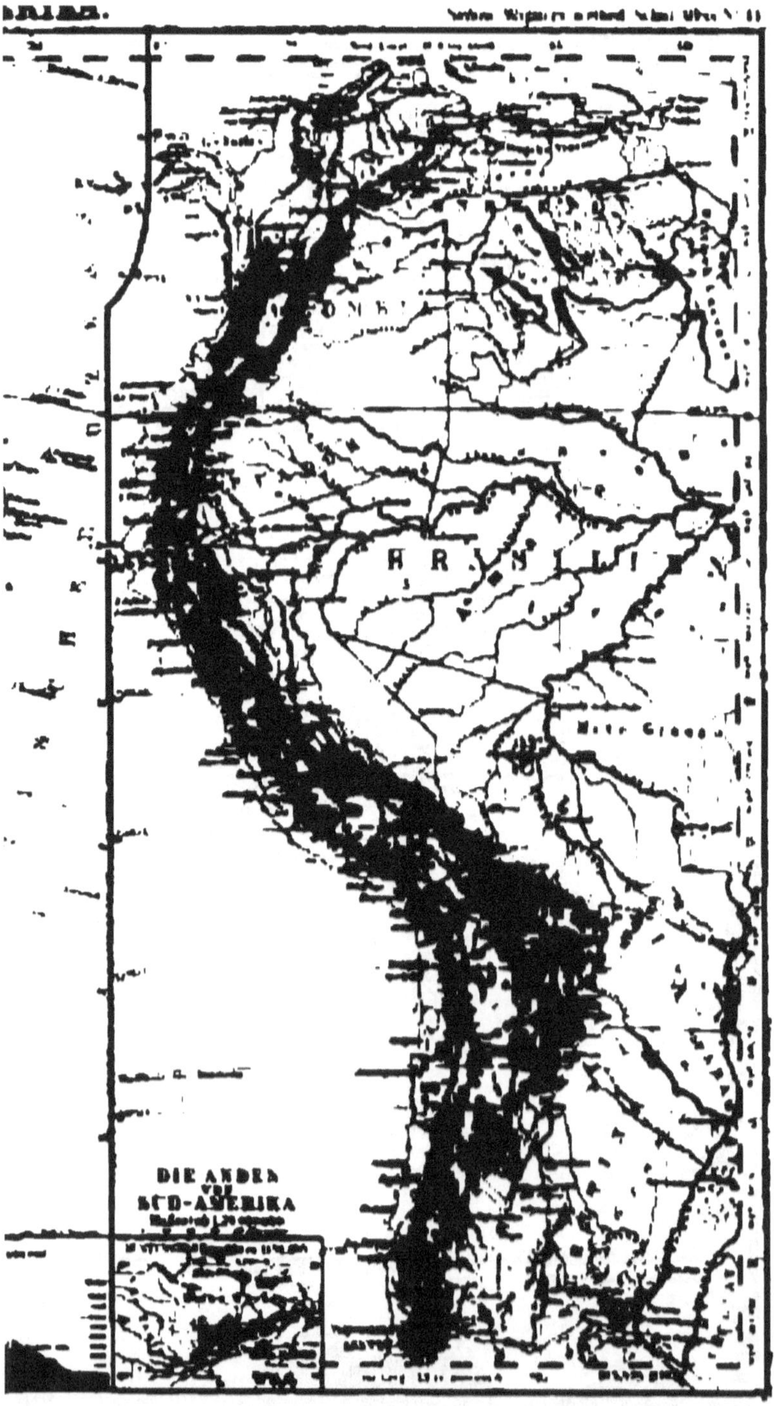
DIE ANDEN
SÜD-AMERIKA

Date Due

FEB 5 1958			

Im Anschluss an Sydow-Wagners Methodischen Schul-Atlas erscheint ferner bei JUSTUS PERTHES in GOTHA

Sydow-Habenicht,

METHODISCHER WAND-ATLAS.

16 oro-hydrographische Schulwandkarten

nach E. v. Sydows Plan

bearbeitet von

Hermann Habenicht.

I. Abteilung: Kontinente.

1	Erdkarten (östliche und westliche Halbkugel, Mercatorkarte, Nord- und Südpolarkarte) 12 Blätter	[illegible]
2	Europa 12 Blätter	1 : 3 000 000
3	Asien 12 Blätter	1 : 6 000 000
4	Australien und Polynesien 12 Blätter	1 : 6 000 000
5	Afrika 9 Blätter	1 : 6 000 000
6	Nord-Amerika 9 Blätter	1 : 6 000 000
7	Süd-Amerika 9 Blätter	1 : 8 000 000

II. Abteilung. Länder Europas.

8	Deutsches Reich und Nachbarländer. 12 Blätter	1 : 750 000
9	Österreich-Ungarn. 12 Blätter	1 : 750 000
10	Balkanhalbinsel 9 Blätter	1 : 750 000
11	Italien 9 Blätter	1 : 750 000
12	Spanische Halbinsel. 9 Blätter	1 : 750 000
13	Frankreich 9 Blätter	1 : 750 000
14	Britische Inseln. 9 Blätter	1 : 750 000
15	Skandinavien. 9 Blätter	1 : 1 500 000
16	Russland 12 Blätter	1 : 2 000 000

Diese stummen Wandkarten stehen soweit thunlich in engster Übereinstimmung mit den betreffenden Karten in Sydow-Wagners Methodischem Schul-Atlas. Einige Abweichungen sind in der Natur der verschiedenen Zwecke begründet. So die teilweise Anwendung schräger Beleuchtung bei der Terrainzeichnung, um größtmögliche Plastik der Hochgebirge zu erzielen, so die grellere Farbengebung des Höhenschichtenkolorits und die stärkere Generalisierung der Umrisse derselben.

Die Karten sind in ihrer derben Ausführung darauf berechnet, noch auf der letzten Bank des Schulzimmers in ihren Einzelheiten erkannt zu werden.

www.ingramcontent.com/pod-product-compliance
Lightning Source LLC
Chambersburg PA
CBHW020134170426
43199CB00010B/745
* 9 7 8 3 7 4 4 6 8 1 9 5 7 *